피터 드러커의 비즈니스 성공 지원 册

KANEMOUKE WO MEZASANAI MISE DAKE GA HANJOU SURU By Kaoru Fujii
Copyright © 2014 Kaoru Fujii
Korean translation copyright © 2014 by itBOOK Publishing Co.
All rights reserved.
Original Japanese language edition published by Diamond, Inc.
Korean translation rights arranged with Diamond, Inc. through BC Agency.

이 도서의 국립중앙도서관 출판시도서목록(CIP)은 서지정보유통지원시스템 홈페이지(http://seoji.nl.go.kr)와 국가자료공동목록시스템(http://www.nl.go.kr/kolisnet)에서 이용하실 수 있습니다.
(CIP제어번호: CIP2014035223)

1인 창업에서

피터 드러커의 비즈니스 성공 지원 冊

기업 경영으로

후지이 카오루 지음 김대환 옮김

잇북
it BOOK

나와 드러커 매니지먼트의 만남

──────＼ **고객을 위해 우리는 무엇을 할 수 있는가**

내가 가와사키 중공업을 퇴사하고 창업한 것은 지금으로부터 39년 전인 1975년, 스물일곱 살 때 가을이었다. 갑갑한 새장 안에서 푸른 하늘이 펼쳐져 있는 자유로운 세상으로 풀려난 작은 새가 된 듯한 심경이었던 것을 아직도 생생히 기억하고 있다.

'앞으로는 내 의지로 무엇이든 할 수 있어, 뭐든지 가능해.'

청운의 꿈을 안은 출발이었다. 가와사키 중공업에 재직할 때는 나름대로 일을 잘 처리했고, 일에 대한 자신감과 도전정신도 남 못잖게 강했다. 그래서 더욱 자신만만한 출발이었지 싶다.

그런데 실제로 일을 찾아다녀보니 내가 하려고 했던 일은 전혀 없었다. 자동기계라든가 공업용 로봇 같은 정밀기계를 설계하는 일을 하고 싶었지만, 오일쇼크 이후라 경기가 침체되어서 신참자인 내게 일을 발주하는 회사가 없었던 것이다.

그 후로는 먹고살기 위해, 처자식을 부양하기 위해, 필사적으로 영업에 나서기 시작했다. 회사를 시작하기 전까지만 해도 영업 활동이 필요하리라곤 생각지도 못했는데 말이다.

나는 수주한 일은 무엇이든, 아무리 작은 일이라도 처리해 나갔다. 그 무렵에는 설령 능력이 없어서 할 수 없는 일이라도 무리를 해서 떠맡아 연구와 노력을 거듭한 끝에 납품하고야 말았다. 불가능한 일이어도 무리해서 수주하여 처리하지 않으면 살아갈 수 없었기 때문에 당연한 일이었다. 고객으로부터 의뢰를 받으면 무엇이든 맡아야겠다고 생각하고 있었다.

그 무렵부터 내게는 무리를 해서라도 과제를 해결하려는 습관이 배어버린 것 같다.

기계설계뿐만이 아니라 전기든 토목이든 공사 관련 일이든, 일만 있으면 '무엇이든' 수주했다. 어쨌든 수주할 수밖에 없었던 것이다. 다양한 종류의 자동기계를 비롯해서 화물용 엘리베이터, 아이스크림 제조기, 초밥 재료용 새우 자동 데침 등껍질 분리기, 초밥 밥용 온풍냉각기 등도 설계뿐만 아니라 제조, 전기배선, 현지 공사 등을 모두 맡아서 처리했다.

그 덕에 다양한 지식을 폭넓게 쌓고 경험이 생겨서, 그 후 제면기를 제조·판매하는 사업을 시작하는 데 많은 도움이 되었다.

이처럼 처음 수년간은 소위 말하는 '만물상'이나 다름없었지만 그렇게 해서는 사업상 효율이 좋지 않다는 것을 깨닫게 되었다. 그리고 가가와 현香川縣이 사누키 우동의 본고장이라는 점도 고려하여 제면기로 특화하게 되었고, 당시로서는 획기적이었던 우동용 제면기 '신우치真打'를 개발하는 데 성공했던 것이다.

당시 우리 회사는 영업에 매우 서툴렀기 때문에 신참자에게도 따뜻한 손길을 내밀어준 남 규슈九州 지역부터 영업 활동에 들어갔다. 규슈에서의 영업 활동은 이내 궤도에 올라갔고, 우동용 제면기는 순조롭게 팔리게 되었다.

그러다가 우동뿐만이 아니라 라면용 제면기도 필요하다는 것을 알게 되었다. 그래서 라면용 제면기 '리치멘'을 개발해서 현지 채용한 영업자에게 규슈 시장을 맡기고, 나는 간사이關西 지구로 가서 영업을 시작했다. 간사이 지구에서도 어느 정도 자리가 잡히자 역시 영업자를 현지 채용하여 그들에게 간사이 시장을 맡기고 나는 도쿄東京를 새롭게 공략하기 시작했다.

그런데 도쿄에 진출해보니 우동, 라면뿐만이 아니라 메밀국수용 제면기가 없으면 시장을 공략할 수 없다는 것을 깨달았다. 그래서 유명한 수타 메밀국수의 선생님에게 사사를 받아 전문적인 메밀국수 제조 기술을 습득할 수 있었다.

그 선생님의 감수를 받아 완성된 메밀국수 제면기 '반도타로坂東太

郎'는 반죽과 절단이 가능한 메밀국수용 제면기로서 현재도 계속 팔리고 있다. 그 결과 간토關東 시장에서도 영업자를 채용하였고, 간토 영업소를 개설했다.

그 무렵에 대형 자동 제면기의 개발, 제면 실험 공장 '재팬 푸드 리서치'(현 관련회사 '산쇼讚匠')를 만들고, 한국에서도 영업을 시작하며 말 그대로 동서를 가리지 않고 팔면육비八面六臂(여덟 개의 얼굴과 여섯 개의 팔이라는 뜻으로, 언제 어디서 어떤 일에 부딪치더라도 능히 처리해내는 수완과 능력을 이르는 말-옮긴이)의 활동을 했다.

창업하고 아직 10년이 되지 않았을 때다.

나는 창업하기 전부터 혼다 기연공업本田技研工業을 만들어 활발하게 활동하고 있던 혼다 슈이치로를 동경하고 있던 터라 독자적인 기술을 개발하면 사업은 대성공할 것이라고 믿고 있었다.

그러나 아무리 새로운 기계를 개발·판매해도 경영은 순탄해지지 않았고, 오히려 경영적으로는 혹독한 시절이 이어졌다. 자전거 조업과 같은 시절이 창업 이후 20년이나 지속되었던 것이다.

그런 와중에 제면 실험 공장으로 출발한 관련회사 '산쇼'가 먼저 어렴풋이 희망을 보이기 시작했다. '면 비즈니스는 가능성이 있다.'고 재확인한 나는 그 무렵 시장에 출현하기 시작한 냉동면용 제면기의 개발에 착수했다.

그리고 '냉동면뿐만 아니라 냉동밥 제조 라인이 앞으로 큰 가능성이 있다.'는 정보가 계기가 되어 이 라인을 수주한 나는 수개월에 걸친 악전고투 끝에 마침내 개발에 성공하여 뛰어난 품질의 냉동밥 제조 라인을 완성시켰다.

그러나 나중에 이 정보가 엉터리로 밝혀지면서 결국 당사는 막대한 손실을 보게 되었다.

당사는 이 외에도 몇 가지 큰 실패를 겪었다. 한국 비즈니스, 또 국내에서의 대형 기계 비즈니스가 연이어 수억 엔에 달하는 큰 실패를 거듭했다.

소비세가 처음 도입된 1989년경에는 대형 냉동면 제조 라인의 7억 엔에 달하는 큰 계약을 체결하여 기존 공장에서는 생산할 수 없었기 때문에 새 공장 부지를 1,500평 정도 매입했다. 그러나 이 계약도 결국 상대방 쪽에서 이행하지 않아 당사는 사업 준비에 따른 손실만 고스란히 떠안은 채 끝나버렸다.

이 토지는 지금도 갖고 있는데, 앞으로 유기농법 무농약의 농장지로 활용할 생각이다.

이 외에도 내가 겪은 실패는 일일이 다 적을 수 없을 정도로 많다. 이러한 실패들은 창업한 지 10년에서 20년 사이에 일어난 일로, 당사가 오늘날까지 이렇게 살아남을 수 있었다는 것이 정말이지 불가사의할 정도다.

그런데 그 어렵던 시기에 나를 구해준 은인이 '8번 라면'의 창업자인 고故 고토 회장과 모스버거의 창업자인 고 사쿠라다 회장을 비롯한 몇몇 분들이었다.

그분들께는 어떠한 말로도 감사의 마음을 다 전할 수 없다. 그러나 이미 돌아가신 분들이 많아 답례를 하고 싶어도 그 방법이 없기 때문에 정말 최선을 다해서 세상에 공헌하는 것이 그나마 답례랍시고 할 수 있는 일이 아닐까 싶다.

돌이켜보니 내가 실패를 거듭한 것은 점포용 소형 제면기 사업이 아니라 냉동면 같은 대형 기계와 관련된 사업만 추진했기 때문이라는 데 생각이 미쳤다. 그것과 일본 경영 합리화 협회의 무타 이사장의 조언으로 대형 제면기의 제조·판매에서 철수하고, 소형 제면기에 집중했다.

그리고 그 무렵 깨달은 것이 사명使命의 중요성이었다.

그때까지 당사는 단순히 제면기를 제조하고 판매하면 된다고 직원들이나 나나 믿고 있었다. 그러나 같은 제면기를 팔아도 가게가 번성해서 성공하는 고객과 반대로 망해서 폐점하는 고객이 있다.

큰돈을 들여서 개업한 것이라 폐점하게 되면 고객의 인생 자체가 엉망이 된다. 그런 연유로 당사는 '단순히 제면기를 제조하고 판매하는 것만이 최선일까?'라는 의문을 품고 '그렇지 않다면…… 당사는 '면 전문점 번성 지원 회사'가 아니면 안 된다.'고 생각하기 시작했던 것이다.

그것이 당사의 사명을 명확하게 한 계기였고, 그 결과 처음엔 전 직원이 반대한 '연중무휴 365일 메인터넌스Maintenance(점검·유지·관리)'를 무리하게 개시했던 것이다.

덕분에 처음엔 힘들었지만 서서히 고객의 신뢰가 쌓여서 그때까지 소형 제면기 시장에서 업계 2위였던 당사가 마침내 1위가 될 수 있었다.

사명을 명확하게 한 결과 회사가 크게 바뀌기 시작했다.

사명을 명확하게 한 결과 많은 것을 시작할 수 있었다.

그 무렵부터 큰 성과가 있었던 것은 다음과 같다.

① 우동 학교 개교(2000년)

② 우동 체인점 '기조안龜城庵' 개업(2000년)

③ 신규 개업 지원 비즈니스 '토털 프로듀스' 개시(2003년)

④ 라면 학교, 메밀국수 학교 개교(2004년)

⑤ 소형 제면기 시장에서 점유율 1위(2005년)

⑥ 다이아몬드 사 주최 드러커 비즈니스 스쿨 참가(2005년, 2006년)

⑦ 구 영업본부(60평) 건설과 동시에 이전(2005년)

⑧ 골드랫 컨설팅에서 TOC이론 도입(2009년)

⑨ 신 본사 이전(600평)(2010년)

⑩ 드림 스튜디오 오사카大阪 개관(2010년)

⑪ 신 본사에서의 유기농 급식 개시(2010년)

⑫ 드림 스튜디오 삿포로札幌, 다카사키高崎, 나고야名古屋 개관(2011년)

⑬ 동일본 대지진 피해자의 드림 스튜디오 지원 활동 개시(2011년)

⑭ 도쿄 지점을 시나가와品川로 이전(2011년)

⑮ 도쿄 지점에서 라면 학교 개교(2011년)

⑯ 첫 번째 책《불황에도 장사가 잘되는 라면·우동·메밀국수 가게의 교과서》출간(2011년)

⑰ 텔레비전 도쿄〈캄브리아 궁전〉에서 방영(2013년 2월)

⑱ 두 번째 책《최고가 되고 싶으면 경쟁하지 마라》출판(2013년)

이상과 같이 '기술자로서 기술만 있으면 성공한다.'고 믿고 시작한 비즈니스이지만, 사업을 하면 할수록 기술자만의 능력으로는 비즈니스가 성공할 수 없다는 것을 깨닫고 힘을 쏟은 것이 영업력의 구축이었다.

그리고 그것만으로도 좀처럼 성과가 올라가지 않자 매니지먼트의 중요성을 이해한 결과 다이아몬드 사에서 주최한 드러커 비즈니스 스쿨에 다니게 되었다.

매니지먼트를 이해하지 못했기 때문에 잃은 시간과 돈은 회수할 수 없다. 그러나 앞으로 매니지먼트를 더욱 깊이 이해함으로써 당사의 성장, 직원의 성장, 고객의 성장이 더욱 속도를 붙일 것이고, 더 많은 고객에게 도움이 되어 세상이 좋아지는 데 조금이나마 공헌할 수 있다고 생각한다.

그것을 지속적으로 실행하는 것이 당사의 '중요한 사명'이라고 생각한다.

이익만 쫓다 보면 돈을 벌 수 없다

39년간 당사를 경영하면서 창업 초기에 비해 가장 큰 변화를 이룬 것은 이익에 대한 사고방식이다.

창업 초기에는 매출지상주의로 매출을 늘리는 데에만 열심이었다. '매출이 오르면 자연스럽게 이익이 올라가고 사업은 잘될 것이다.' 그렇게 생각하고 있었다.

그러나 매출이 올라도 경영 상태는 좀처럼 나아지지 않았다. 매출이 올라도 이익이 나지 않아서 회사는 오히려 위험한 상태에 빠졌다.

겨우 이익의 중요성을 이해한 것은 창업 후 15년이 지난 무렵이었다고 생각한다. 나는 이익에 더욱 집착하게 되었고, 이익을 경영의 목표로 삼았다.

그런데 그 이익이 전혀 오르지 않는 것이었다. 그리고 깨닫게 된 것이 '사고방식의 순서가 잘못된 것은 아닐까?'라는 것이었다. 창업한 지 20년쯤 되었을 때다.

그제야 비로소 '면 전문점 번성 지원 회사'라는 사명을 명확하게 하고 고객의 성공에 초점을 맞추게 되었다. 그리고 그때부터 조금씩 회사의 모습이 바뀌기 시작하더니 가속도가 붙어서 큰 변화를 이루게 되었다.

그러나 회사의 모습이 바뀌었다고 해서 즉시 이익이 따라오는 것은 아니었다. 그런데 '연중무휴 365일 메인터넌스'의 실행 등에 의해 고객의 신뢰가 늘어나게 되자 이익도 조금씩 올라가기 시작했다.

과거의 체험을 통해 말할 수 있는 것은 '이익을 쫓아다녀도 이익은 나지 않는다. 이익은 결과다.'라는 것이다.

'어떻게 하면 고객의 신뢰를 얻을 수 있을까?'

그 결과로서 이익을 얻을 수 있는 것이다.

비즈니스의 본질에도 있듯이 고객의 아직 해결되지 않은 문제를 해결함으로써 이익은 자연스럽게 나게 된다.

따라서 우리는 고객의 미해결 문제점을 늘 진지하게 찾아다니며 그것에 집착해서 문제를 해결하기 위해 노력하면 자연스럽게 이익을 얻을 수 있게 된다.

일본은 넓은 섬나라이기 때문에 홋카이도北海道의 고객이 안고 있는 문제점과 규슈의 고객이 안고 있는 문제점은 전혀 다를 가능성이 있다. 동시에 같은 홋카이도 내에서도 고객마다 개별적인 문제점을 안고 있다.

우리의 중요한 사명은 이와 같이 고객 개개인이 안고 있는, 고객 자신조차 깨닫지 못하는 문제를 찾아내어 그것을 함께 해결해드리는 것에 있었던 것이다.

고객이 자각하지 못하는 문제는 많다. 예를 들면 신규 개업을 준비하는 사람이 물건을 고르기 위해 부동산업자를 찾아간다. 부동산업자에게 추천받은 물건을 당사에서 상권 분석한다.

그러면 대부분의 물건은 주차장이 부족한 것을 알 수 있다.

조금만 부족해서 방법을 찾으면 어떻게든 해결될 것 같은 장소와 터무니없이 부족해서 여기서 개업했다간 성공할 가능성이 전혀 없는 장소가 있다.

만약 후자의 장소에서 잘 모르고 개업했다가는 고객의 인생은 시간적으로나 금전적으로나 막대한 손실을 보게 될 가능성이 높다.

당사에서는 사전에 상권 분석을 하거나 혹은 레이아웃을 하여 물건의 좋고 나쁨을 판단할 수 있다. 이러한 것들은 만약 당사가 관여하지 않으면 고객이 큰 문제를 떠안게 될지도 모르는 경우를 미연에 방지하기 위한 것이다.

우리는 지금 일찍이 경험한 바 없는 맹렬한 속도의 시대로 돌입하고 있다. 과거의 속도가 시속 100km였다면 지금은 300km의 속도, 이것은 전혀 다른 차원의 세계다.

그런데 우리 자신은 그런 실감을 하지 못한 채 주위 환경만이 큰 변화를 거듭하고 있다. 그리고 주위 환경의 변화에 주의하지 않으면 자기도 모르는 사이에 뒤처지게 된다.

주위 환경에 뒤처지지 않는 가장 좋은 비결은 우리 자신이 적극적으로 외부에 작용하여 주위를 끌어들이는 것이다. 외부에 영향을 받는 인생이 아니라 외부에 영향을 주는 인생을 선택하는 것이다.

비즈니스의 본질은 아직 해결되지 않은 고객의 문제를 해결하는 것이다.

당사는 아래와 같은 다양한 문제해결책을 준비하고 있다.

① 우동 학교(본사, 도쿄 지점)

② 메밀국수 학교(도쿄 지점)

③ 라면 학교(본사, 도쿄 지점)

④ 제면 강습회(각 드림 스튜디오)

⑤ 경영 세미나 외의 다채로운 이벤트(각 드림 스튜디오)

⑥ 기관지 발행(연 4회 예정)

⑦ 페이스북을 통한 다양한 정보 발신

⑧ 메일 매거진을 통한 정보 발신

⑨ 책 출판

⑩ 페이스북을 통한 학교 졸업생 모임

IV 진화 없는 성장 없고, 성장 없는 비즈니스 없다

에필로그

잊어서는 안 되는,
비즈니스에서 가장 중요한 것

I

명확한 사명은
왜 필요한가

명확한 사명을 가지는 것이
중요한 이유

사명을 생각할 때 우리가 만나는 문제점은 자기 자신의 인생의 사명, 비즈니스의 사명, 가정인家庭人으로서의 사명을 혼동하는 것이다.

인생의 사명이란 인생의 목적을 말한다. 인간으로 태어난 이상 각자의 인생에는 큰 목적이 있다. 그리고 인생의 의의란 '인생에 의미를 부여하는 것'이라고 한다. 인생의 사명을 명확하게 하는 것은 한 번밖에 없는 귀중한 인생에 자기 나름대로 가치가 있는 의미를 부여하는 것이다.

사명이란 글자 그대로 자신의 생명을 사용하는 방법을 명확하게 하는 것이다.

나는 철이 들고 나서 나 자신의 인생의 의미에 대해 끊임없이 생각해왔다. '나는 도대체 무엇을 위해, 무엇을 하기 위해, 어떤 것에 공헌하기 위해 이 세상에 태어났을까? 나는 이 세상에서 무엇을 하려고 하는 걸까?'라고.

생각해보니 자신의 인생의 사명을 명확하게 하는 것은 끊임없이 '왜?'를 묻는 것이었다. 요컨대 "Why?"를 명확하게 하는 것이다.

나는 어렸을 때부터 몸이 약했다. 유치원에 들어갈 무렵에는 결핵에 걸려 결국 유치원을 다닐 수 없었다.

초등학교 시절에는 공부를 못해서 아버지로부터 늘 부진아반에 가게 될 것이라고 협박(?)을 들었다. 저학년 때는 성적이 늘 꼴찌라서 선생님한테도 미움을 받았다. 그러나 4학년 때부터 시작한 주산이 계기가 되어 산수를 잘하게 되면서 공부라는 것에 자신이 생기기 시작했다.

인생이 바뀌기 시작한 것은 그 무렵부터다. 고학년 때부터는 모형 비행기라든가 모터보트 같은 것들을 만드는 데 열중했다.

중학교에 들어간 뒤로는 수학을 더욱 잘하게 되었고, 다카마쓰 공업고등전문학교의 기계공학과에 진학하여 전문 분야를 배웠다.

고등전문학교 졸업 후에는 가와사키 중공업의 항공기 사업부 기체설계과에 채용되어 항공기 사업부에서 3년, 선박 사업부에서 3년, 합해서 6년간 설계 일에 종사했다.

그 후 기계설계 일로 창업한 뒤 제면기의 제조·판매로 전향하여 오늘에 이르렀다.

이처럼 젊은 시절의 나를 돌아보면 흥미가 있는 분야를 찾아 그때

그때의 환경에 맞춰서 내가 서 있어야 할 위치를 조정하였고, 또 만들기에서 가치관을 찾아온 인생이었다는 것을 알 수 있다.

가와사키 중공업을 퇴사한 후 홀로 독립하여 창업한 뒤로는 그날그날을 살아가는 데 필사적이었기 때문에 비즈니스의 사명이나 회사의 사명에 대해 깊이 생각할 여유는 없었다. 사명이라는 것을 비로소 진지하게 생각하게 된 것은 18, 9년 전에 회사의 사명을 명확하게 했을 때부터다.

그때까지는 '당사는 제면기를 제조·판매하는 회사다.'라고 스스로 위치를 부여하고 있었다. 그런데 제면기를 똑같이 납품해도 성공하는 고객이 있는가 하면 반대로 실패해서 폐점하는 고객도 있었다.

'과연 고객에게 단순히 제면기를 납품하기만 해도 되는 걸까?'

그런 의문을 느낀 나는 '당사의 사명은 무엇일까? 존재의의는 무엇일까?'에 대해 진지하게 고민하기 시작했다. 그렇게 고민을 거듭한 끝에 '당사는 면 전문점 번성 지원 회사다.'라는 사명을 명확하게 하고, '고객의 성공을 지원하는 회사가 되자.'고 결심했다.

그때부터 당사의 새로운 역사가 시작되었다.

그 후 업계에서는 가장 먼저 연중무휴 365일 메인터넌스를 시작했고, 우동 학교, 메밀국수 학교, 라면 학교를 개교했는데, 이러한 것들은 모두 고객의 성공을 지원하기 위한 일환에서 시작한 프로그램이다. 이러한 회사 차원의 노력이 보상을 받기라도 하듯 점유율 1위의 자리에 오르기까지는 그리 오랜 시간이 걸리지 않았다. 사명을 명확하게 함으로써 당사는 크게 바뀌었던 것이다.

나의 조부는 관직을 받은 장인이었고, 부친도 그 핏줄을 이어받아 손재주가 좋았다. 나도 할아버지와 아버지의 피를 이어받아서 어렸을 때부터 무언가를 만드는 것을 좋아했고, 또 잘했다. 그 특기를 살려서 사업을 시작한 것이다.

이처럼 자신의 특징(자신이 잘하는 것)을 살려서 새롭게 배우고 익힌 것을 활용하여 자신의 꿈을 추구해나가는 것, 자신의 꿈을 살리는 것이 사명에 부합된 생활방식이 아닐까 싶다.

나는 몸이 약해서 사람들을 건강하게 살 수 있게 해주는 것에 사명감을 느끼고 있다. 면 학교에서 건강에 이롭고 맛있는 면 요리를 가르치는 것을 통해, 또 회사 직원 식당에서 유기농법 무농약 채소를 비롯해 건강에 이로운 식사를 제공하는 것에 의해, 사명의 실현을 꾀하고 있다.

나의 사명은 '최고로 맛있고, 건강에 이로운 일본 면 문화를 전 세계에 널리 퍼뜨리는 것에 의해 많은 사람들의 건강 유지에 도움을 주는 것. 그리고 성공하기 위한 경영 비결을 가르침으로써 많은 학생들, 고객들의 인생의 성공 스토리를 만드는 데 도움을 주는 것'이었던 것이다.

이처럼 나는 나 자신의 사명을 명확하게 했다. 그러자 내 몸이 약한 의미를 알게 되었다. 몸이 약한 것은 필연이고, 나의 사명을 생각하는 데 있어서 큰 의미가 있었다. 그리고 무언가를 만드는 것을 잘 했던 것도 큰 의미가 있었다.

사명은 자신이 갖고 있는 강점과 약점, 살아오면서 몸에 축적된 특징, 가치관 위에 세워져 있다. 사명은 또 사회생활을 하는 데 있어서 자기 자신의 기초를 이루는 것이고, 전략(싸우는 방법)의 중요한 일부분을 차지하는 것이기도 하다.

사명을 명확하게 하는 것은 자기 자신을 돋보이게 하고, 빛나게 하고, 사람으로 태어나 살아온 징표를 세우는 것이다. 바꿔 말하면 자기 자신의 강점, 약점, 특징, 개성 등을 활용하여 세상에 공헌하는 것이다.

지금까지 내 사명에 대해 말했는데, 나처럼 스스로 사업을 운영하는 경우, 혹은 자신이 회사를 경영하지 않아도 일을 갖고 일하는 경우에는 자기 자신의 사명, 비즈니스(회사)의 사명, 가정인으로서의 사명이라는 세 가지로 크게 나누어서 생각할 필요가 있다.

자기 자신의 사명은 자기 스스로 생각해서 결정할 수 있다. 그러나 비즈니스의 사명은 조직의 주요 멤버와 함께 생각하고, 멤버의 동의를 필요로 한다. 그때 사명을 공유하는 사람이 많으면 많을수록 그 사명을 달성하는 속도가 빨라진다.

가정인으로서의 사명도 마찬가지다. 나의 앞으로의 테마는 가정인으로서의 사명을 명확하게 하는 것이다.

가와사키 중공업 항공기 사업부 시절의 디자인 철학

어렸을 때부터 비행기를 유독 좋아한 나는 다카마쓰 공업고등전문학교 졸업 후 가와사키 중공업 항공기 사업부에 입사했다.

가와사키 중공업 시절에 선배들로부터 배운 것은 헤아릴 수 없이 많지만, 특히 입사해서 처음 3개월간 근무한 기체설계과에서는 매우 귀중한 것을 배울 수 있었다. 내게는 모두가 새로운 것들뿐이라 그때 나는 마치 스펀지가 물을 빨아들이듯 배웠던 것을 아직도 또렷이 기억하고 있다.

그중에서도 특히 잊을 수 없는 것이 입사하자마자 "미쓰비시 중공업에 들어가면 3년이면 제 몫을 할 수 있다. 하지만 가와사키 중공업에서는 10년이 걸린다."는 말을 들었던 것이다. 어려운 과정을 거쳐 간신히 가와사키 중공업에 들어왔다고 한껏 들떠 있다가 꿈과 희망을 모조리 빼앗겨버린 듯 충만해 있던 기력이 바람 빠진 풍선처럼 푹 꺼지는 것을 느꼈다.

그 후 항공 자위대의 주력 전투기로 채택된 팬텀 전투기의 라이선스 도입에 관여하면서 미쓰비시 중공업 사람들과 함께 일할 기회를 잡게 되었다.

그런데 미쓰비시 중공업 사람들과 가와사키 중공업 사람들은 일하는 방식이 완전히 달랐다.

미쓰비시 중공업은 거칠게 보일 정도로 노골적으로 의욕을 드러내는 사람이 많아서 마치 무사들 패거리 같았다. 그에 비해 가와사키 중공업은 온후하고 여유롭고 상냥했다. 당시부터 미쓰비시 중공업과 가와사키 중공업은 사풍이 완전히 달랐던 셈이다.

그때 나는 비로소 '미쓰비시 중공업에서는 3년, 가와사키 중공업에서는 10년'이라는 말을 납득할 수 있었다.

그 무렵, 선배로부터 철저하게 교육받은 것은 미국 항공기 설계의 콘셉트였다. 그때 비행기 설계에 대해 많은 것들을 배웠는데, 재미있었던 것은 비행기의 안전계수를 잡는 방법이었다.

내가 가와사키 중공업에서 일하던 시절의 비행기 안전계수는 150%(현재는 좀 더 낮은 것으로 안다). 즉, 비행 중에 상정되는 최대 하중의 150%까지는 견딜 수 있도록 설계하게 되어 있었다.

기체에 150%를 넘는 하중이 걸리면 비행기는 파괴되어버린다. 비행기에는 엄격한 조건이 다양하게 요구된다. 그중 하나가 가벼움이다. 공중에서 이동하는 탈것이기 때문에 얼마나 가볍게 만드느냐가 매우 중요한 과제가 되는 것이다.

최근, 큰 폭으로 기체의 경량화에 성공한 예로는 보잉 787기가 있다. 동 비행기는 탄소섬유를 대량으로 사용하여 중량이 큰 폭으로 줄어들었고, 그 결과 연료 소비율이 크게 개선되었다. 보잉 787기를 전 세계 항공사가 경쟁적으로 도입하고 있는 이유는 여기에 있다.

그 무렵 배운 것이 '페일세이프'와 '디자인 철학'이라는 두 가지 개념이다. 학교에서는 배울 수 없었던 개념이었기 때문에 매우 신선하게 배운 기억이 있다.

제2차 세계대전에서 패배한 이후 일본의 항공기 제조 사업은 모두 금지되었고, 제로센ゼロ戦(영식함상전투기零式艦上戦闘機의 통칭. 제2차 세계대전 당시 일본 군용기 가운데 가장 많이 생산된 기종─옮긴이)을 만든 전전戦前의 고도로 발전된 항공기 제조 기술은 그 명맥이 끊겼다.

그 후 항공기산업이 부활한 것은 항공 자위대의 발족과 함께 미국 항공기의 라이선스로 비행기 제조가 허가되고 난 뒤였다. 따라서 전후 일본의 항공기 기술은 모두 미국에서 들여온 기술이 밑바탕이 되었다고 할 수 있다. 유일한 차이는 미국의 도면상 단위가 '인치·파운드'인 것에 비해 일본 도면에는 '밀리미터·그램'으로 되어 있다는 점이다. 그런 연유로 팬텀 라이선스를 도입할 때는 방대한 수의 도면을 모두 '밀리미터·그램'으로 변경해야 했고, 그것만으로도 작업량이 어마어마했다.

여기서 '페일세이프'의 개념에 대해 설명하자면 이것은 특히 비행기처럼 안전성이 요구되는 경우에 중요한 개념으로 비행 중에 어느 한 군데가 고장 나도 다른 방법으로 안전하게 비행할 수 있는 구조를 구축해두어야 한다는 것이다.

예를 들면 엔진을 한 기밖에 탑재하지 않은 비행기는 그 엔진이 고장 나면 비행을 계속할 수 없다. 그런데 두 기로 나누어 엔진을 탑재하면 한 기가 고장 나도 나머지 다른 한 기로 어떻게든 비행을 계속할 수 있다. 조종계통도 마찬가지다. 유압계통이 고장 나면 수동으로, 기계식으로 작동할 수 있게 해둔다.

이처럼 중요한 부분에는 어떤 문제가 생겨도 대체하여 안전하게 비행할 수 있는 구조를 반드시 마련해두어야 한다. 이 예방 안전 구조가 '페일세이프'라 불리는 '디자인 철학(설계사상)'이다.

항공기 설계에 있어서는 디자인 철학을 명확하게 하여 고정시켜두는 것이 매우 중요하며, 처음 설계를 시작할 때 해두어야 한다고 되어 있다.

항공 자위대의 팬텀 이전의 주력 전투기는 F104였다. F104는 '검'이라 불리며 프로펠러에서 제트엔진으로 바뀐 초기의 제트 전투기다. 고속 비행에 중점을 두어서 공기 저항을 줄이기 위해 주익이 작고 끝부분이 칼처럼 뾰족하다. 지상에 주기駐機 중일 때는 안전을 위해서 날개의 앞뒤에 반드시 커버를 씌웠다.

날개에 손이라도 닿으면 싹둑 베일 정도로 끝이 날카로웠기 때문이다.

F104는 당초의 목적대로 고속으로 날 수 있었지만, 선회 능력이 떨어져서 작은 회전 반경이 요구되는 공중전에는 부적합한 전투기였다. 이것은 고속 비행에 중점을 두느라 선회 능력 등을 설계사상으로서 반영시키지 않았기 때문이다.

그 후에 개발된 팬텀 F4는 F104의 교훈으로부터 작은 회전에 용이하도록 날개 면적도 크고 날개 끝도 결코 날카롭지 않았다. 최고 속도도 빠르고 작은 회전도 용이하여 전투 능력이 높은 기체로 항공모함에 탑재하기 위해 큰 날개를 접을 수 있도록 되어 있었다.

F104의 총 생산기 수는 2,578기였던 것에 비해 F4는 5,195기로 약 두 배에 달했는데, 최초의 '디자인 철학'의 차이에 의해 결과가 크게 달라진 것이다.

이를 계기로 훗날 나는 콘셉트가 좋으면 베스트셀러가 된다는 것을 깨달았다.

이처럼 첫 단계에서 '디자인 철학'을 명확하게 함으로써 성능, 특징, 얻을 수 있는 성과가 모두 정해져버린다. 즉, 모든 것의 기본이 되는 '디자인 철학'을 명확하게 하는 것이 무엇보다도 중요했던 것이다.

그 후 독립하여 창업하게 되었을 때 이 '디자인 철학'의 개념은 나의 일 전반에 적용되었을 뿐만 아니라 개발을 위한 제약조건과 표리 일체가 아닐까 하는 생각이 들게 하여 소형 제면기를 시험제작하는 계기가 되었다.

그때의 제약조건은 다음과 같다.

① 도쿄에 있는 점포와 같은 협소한 장소에서도 수납할 수 있도록 콤팩트할 것.
② 여성도 간단히 사용할 수 있도록 안전할 것.
③ 수타면에 못지않은 맛있는 면을 간단히 만들 수 있을 것.
④ 위생적인 기계일 것.
⑤ 디자인적으로 뛰어날 것.

이상의 제약조건을 만족시키는 자동제면기로 개발된 것이 '신우치'였다.

'신우치'의 당초 콘셉트는 에누리 없이 훌륭한 것이었다. 그 후 타사가 모방하여 '신우치'의 구조가 업계의 '기술 표준'이 된 것이 그것을 증명한다.

'신우치' 자체도 30년 이상에 걸친 오랜 기간 동안 롱런하는 베스트셀러 상품이 되어 지금도 계속 팔리고 있다. 뛰어난 콘셉트가 없으면 그렇게 롱런하는 베스트셀러 상품은 되지 않았을 것이다.

항공기 세계에서는 '디자인 철학'이라고 하지만 나는 그것을 '콘셉트'라고 바꿨다.

그러자 사업을 시작할 때는 처음에 사명을 명확하게 하는 것이 중요하고, 가게를 시작할 때는 처음에 콘셉트를 확립하는 것이 중요하다는 것을 똑똑히 알게 되었다. 즉, 사명을 명확하게 하면 비즈니스의 전모가 명확해지고, 콘셉트를 명확하게 하면 가게의 모든 것이 결정되는 것이다.

이렇게 가와사키 중공업의 항공기 사업부 시절에 배운 '디자인 철학'은 사명이나 콘셉트로 모습을 바꾸어서 내 비즈니스의 근간이 되었다.

사명을 명확하게 하자
회사의 모습이 크게 바뀌었다

　당사는 18년쯤 전에 '면 전문점 번성 지원 회사'라는 사명을 명확하게 했다. 그 이전에는 동종 업계의 타사와 아무것도 다를 것이 없는 제면기 제조·판매업자였다. 나를 포함해서 모든 직원이 고성능의 제면기를 만들어 판매에 성공하는 것이 당사의 사명이라고 믿고 열심히 제면기를 개발하고, 제조·판매했던 것이다.

　우동 업계 최초의 혁신적인 우동 제면기 '신우치'를 개발하였고, 그 후 라면용 제면기 '리치멘', 메밀국수용 수타식 제면기 '반도타로'를 연이어 개발한 것도 '멋진 제면기를 개발할 수 있으면 성공한다.'는 흔들리지 않는 확신이 있었기 때문이다.

　창업 후, 그렇게 오랜 세월이 흐르지 않았을 때라 자금도 부족했고, 직원도 적었다. 그런 상황에서 무리하게 개발비를 염출하여 잇따라 새로운 기계를 개발해 나갔다.

제면공장용 대형 자동 제면기의 개발에도 착수하여 1시간당 1만 인분 이상 제조할 수 있는, 마치 로봇 같은 전자동 대형 제면기도 개발했다. 정교하고 참신한 제면기의 개발이야말로 회사의 사명이라고 믿고 열심히 노력했던 것이다. 창업 후 10년째까지는 그런 식으로 기계 개발에 여념이 없었지 싶다.

내가 그만한 에너지를 쏟을 수 있었던 것은 어디까지나 성공을 꿈꾸고 있었기 때문이다. 새롭고 획기적인 기계를 만들면 많이 팔아서 회사가 이윤을 남기고 크게 도약할 수 있다는 확신. 그것이 모든 것의 에너지원이었다.

그런데 실제로는 그렇게 되지 않았다. 우리 회사에서 만드는 '신우치'를 비롯해 모든 것이 획기적인 기계뿐이었다. 업계에서는 누구나 인정할 수밖에 없는 고성능의 기계뿐이었다. 그렇다면 회사가 이윤을 남기는 것은 당연할 텐데 경영 상태는 조금도 나아지지 않았다. 이것이 도대체 어떻게 된 일일까?

요컨대 팔리지 않았던 것이다. 나는 그때 기계를 개발하는 것보다도 판매하는 것이 훨씬 어렵다는 것을 뼈저리게 깨달았다. 그와 동시에 소매업이나 서비스업에 종사하는 사람들의 고충을 조금은 알 것 같아서 우선 당사가 제면기를 납품하는 가게의 상황을 조사해보았다.

그러자 같은 기계를 사용해도 기대대로 장사가 아주 잘되는 가게가 있는 반면 손님이 들지 않아 폐점에 몰리는 가게도 있는 것을 알게 되었다. 납품업자로서 폐점에 몰린 가게를 보는 것만큼 괴로운 것도 없다. 어떻게든 힘을 내주길 바라지만 솔직하게 말하면 납품처를 걱정하고 있을 여유 따위는 없었다. 나와 상관없는 일이라고 팔짱만 끼고 있다가는 이쪽도 도산이라는 우울한 상황을 맞이할지도 몰랐던 것이다.

'고객의 가게, 그리고 내 회사가 모두 발전·성장하는 길은 없는 걸까? 서로 기쁨을 나눌 수 있다면 정말 멋질 텐데…….'

그런 생각을 하고 있는 동안 조금씩 심경에 변화가 오기 시작했다. '내가 하고 있는 일은 아무래도 달라. 정말로 해야 할 일은 따로 있는 것이 아닐까?'

그렇게 생각하기에 이르렀던 것이다.

그런 생각을 품고 일하고 있을 때 충격적인 말을 가르쳐준 분이 있었다. 당시는 마침 편의점인 세븐일레븐이 파죽지세로 시장을 석권하고 있던 시기다. 세븐일레븐은 경영이 기울기 시작한 주점 같은 생계형 점포를 편의점으로 바꾸어 되살리고 있었다. 즉, '생계형 점포 지원 회사'가 세븐일레븐의 사명이라는 것이다.

이 말을 들었을 때 내 고민은 단숨에 해결되었다. 당사가 이제부터 해야 할 일은 제면기의 개발이나 제조·판매가 아니다. '면 전문점 변성 지원업'이라고.

그때부터 나는 "당사는 면 전문점 번성 지원 회사다. 당사의 사명은 면 전문점을 지원하는 것이다."라고 사내에서 계속 말하고 다녔다. 당연히 직원들은 당황해서 '사장이 영문 모를 소리를 하고 있어.'라고 생각했을 것이다.

그러나 직원들이 어떻게 생각하든 나는 계속 말하고 다녔다. 그러자 희한하게도 당사가 하고 있는 일 중에 사명에 부합되지 않는 일이 몇 가지나 있다는 것을 알게 되었다.

그중 하나가 메인터넌스다.

물론 그때까지도 메인터넌스 서비스는 하고 있었다. 그러나 일요일과 경축일이 휴무였기 때문에 연중무휴 365일 메인터넌스는 아니었다. 그것은 당사뿐만 아니라 전국의 제면기 업체가 모두 마찬가지였다.

그러나 기계는 일요일과 경축일을 피해서 고장 나는 것이 아니기 때문에 우리 사정에 맞춰서 메인터넌스를 쉰다는 것은 좀 말이 안 된다. '일요일과 경축일에도 메인터넌스를 해주길 바라는' 가게는 상당히 많을 것이다.

"그래! 연중무휴의 메인터넌스 서비스를 개시하자."

나는 즉석에서 직원들에게 제안했다. 내 말에 대한 직원들의 반응은 모두가 한 목소리로 '노'였다. 직원들에게는 부담만 늘어나는 이야기였기 때문에 반대하는 것은 당연했다.

그러나 나는 계속 설득했다. 그리고 최종적으로는 반 강제로 연중무휴 메인터넌스 서비스를 개시하게 했다. 이에 동조하지 않고 몇 명의 직원이 회사를 떠난 것은 유감스럽지만, 그것은 사명감의 차이일 뿐이다. 더 이상의 설득은 무리였기에 결론을 내릴 수밖에 없었다.

이렇게 업계 최초의 365일 메인터넌스 서비스가 시작되었는데, 얼마 안 있어 생각지도 못한 현상이 일어나기 시작했다.

앞에서도 말했듯이 기계는 요일을 가리지 않고 고장 난다. 물론 설날에도 고장 날 때가 있다. 그런 날에 고장이 나면 정말 힘들다. 가게 사람은 바로 수리를 의뢰하는 전화를 건다. 전화를 걸어봐야 공휴일이라 소용이 없을 거라 생각하면서도 일단 전화부터 걸고 본다. 그런데 뜻밖에도 전화가 연결되고 바로 오겠다고 한다. 이 말에 감격하지 않는 사람은 없다. 또 수리하러 나간 당사 직원도 상대로부터 더할 나위 없는 감사의 말을 듣기 때문에 동기부여가 확실하게 된다.

'아아, 보람이 있었어. 고객분께 도움이 되었어. 난 참 멋진 일을 하고 있구나.'

이런 일을 착실하게 되풀이하는 사이에 고객의 신뢰가 서서히 늘어난 것은 말할 필요도 없다. 그리고 놀랍게도 이제까지 소형 제면기 시장에서 줄곧 업계 2위에 만족해야 했던 당사가 어느새 1위 메이커가 되었다. 필시 고객의 신뢰가 늘어난 결과임이 틀림없다.

이 일을 통해 나는 많은 것을 배웠다. 그중 주된 것을 열거해보면 다음과 같다.

① 사명을 명확하게 하는 것의 중요성.

② 비즈니스의 비결은 먼저 주는 것.

③ 먼저 고통을 받으면 쾌락은 나중에 따라온다.

④ 얻고 싶은 결과는 먼저 희생을 치르지 않으면 얻을 수 없다.

⑤ 신뢰가 사업의 성공에 가속도를 붙인다.

⑥ 올바른 우회로는 결국 지름길로 연결된다.

이러한 것들은 실로 사명이 명확해진 결과라 할 수 있을 것이다. 사명을 명확하게 하면 해야 할 일을 연이어서 자연스럽게 알게 된다.

사명을 명확하게 한 것이 당사를 크게 바꾸어주었고, 현재도 당사를 계속해서 바꾸어주고 있다.

사명이란 무엇인가, 가치관이란 무엇인가

난 제2차 세계대전 직후 식량사정이 한창 나쁜 시절에 태어났고, 어렸을 때는 집도 가난하여 충분한 영양 섭취를 하지 못해서 결핵에 걸린 적도 있다. 그 탓인지 운동도 잘하지 못했다. 더불어 머리도 좋지 않아 공부를 못하는 열등생이었다. 그 때문에 다른 아이들과는 달리 늘 바보 취급을 받았던 기억이 있다.

어렸을 때의 나는 많은 것에서 부족하다고, 모자라다고 느끼며 늘 괴로워했다. 사람들로부터 바보 취급을 받으면 어린 마음에도 굴욕을 느끼며 항상 '뭐야, 제길.' 하고 독기를 품었다.

성인이 되어 독립해서 사업을 일으킨 후에도 항상 무리를 해서 일하다가 많은 실패를 거듭했고, 많은 선배들에게 도움을 받았다. 그때마다 어렸을 때와 마찬가지로 많은 것에서 부족하고 모자란 것을 느꼈다. 그리고 또다시 무리해서 일하다가 실패하고, 그때마다 바보 취급을 당하고, 웃음거리가 되며 후회를 하곤 했다.

돌이켜보면 나는 늘 굴욕감이 큰 열정의 원천이 된 듯한 기분이 든다.

이처럼 사람은 자신에게 부족한 것을 손에 넣으려고 발버둥치거나 몸부림치면서 성장한다. 그리고 그것을 항상 가치관의 상위에 놓고 있다. 요컨대 가치관의 최상위에 있는 것을 손에 넣으려고 최선을 다해 노력한다.

나 같은 경우는 가치관의 최상위에 오는 것이 그때그때 항상 바뀌었다. 최근에 최상위에 있는 것은 심신의 건강이다. 건강에 대한 생각이 강해서 무농약의 유기농 채소를 사용한 사내 급식을 시작했는데, 그때까지는 쭉 매니지먼트가 가치관의 최상위에 있었다. 마케팅 공부이기도 했고, 일 자체이기도 했다.

이처럼 사람은 가치관의 순서에 따라서 자신이 갖고 있는 가능성을 최대한으로 발휘하고 싶다고 생각한다. 누구나 성장하고 싶다고 생각하고 있기 때문에 부족하고 충족되지 않는다고 느끼는 것이다. 무언가를 이루고 싶다고 생각하고 있는 경우, 그것에 가치를 두고 있다는 뜻이다.

무엇에 시간이나 에너지, 돈을 쓰고, 관심을 갖고 있는지를 보면 가치관의 중요도를 매길 수 있다. 즉, 사명은 가치관을 뒤집어놓은 것이다.

사명은 무엇을 하고 싶으냐는 인생의 목적이므로 자신이 중요하다고 생각하고 있는 가치관을 만족시키기 위해 목표로 삼은 목적지다.

사명에는 사랑하는 주변사람들에게 도움이 된다는 요소가 포함되어 있을 것, 도달해야 하는 목표가 있을 것, 목표를 향해 나아가는 행동이 있을 것, 그러한 것들이 무언가에 요구되고 있을 것이 필요조건이 된다.

나는 2005년과 2006년, 2년에 걸쳐 다이아몬드 사에서 주최한 드러커 비즈니스 스쿨에 다니며 드러커 매니지먼트에 대해 배웠다. 구니나가 히데오 선생님은 난해한 드러커 매니지먼트를 많은 사례를 들면서 이해하기 쉽게 가르쳐주었다.

지금까지도 똑똑히 기억하고 있는 것이 '사명감이 있는 산타클로스와 사명감이 없는 산타클로스 이야기'이다.

……크리스마스이브의 추운 겨울 밤, 루돌프가 끄는 썰매를 타고 아이들에게 크리스마스 선물을 나눠주는 산타클로스. 그 산타클로스 중에 사명감이 있는 A팀과 사명감이 없는 B팀이 있었다. A팀 산타클로스의 사명은 '아이들에게 꿈을 배달하는' 것, B팀 산타클로스의 일은 '아이들에게 선물을 배달하는' 것이었다.

그런데 크리스마스이브의 밤은 눈이 펑펑 내리는 추운 밤이다. 더구나 일부러 지붕 위로 올라가 굴뚝을 타고 내려가 선물을 주어야 한다. 그래서 사명감이 없는 B팀의 산타클로스들은,

"이렇게 추운 밤에 지붕 위로 올라가는 건 위험하지 않겠나?"

"게다가 굴뚝을 지나가야 한다는 건 어떻고. 모처럼 차려 입은 옷이 그을음으로 다 더러워질 게야."

"왜 낮에 당당히 현관으로 들어가서 주면 안 되는 걸까?"

따위로 저마다 불평을 해댄다. 그래도 규칙은 규칙. 마지못해서 굴뚝을 더듬어 내려가지만 굴뚝 속에 벽돌이 튀어나와 있거나 그을음이 묻어 있어서 애써 준비한 선물이 부서지거나 더러워져버렸다.

그러나 B팀 산타클로스는 전혀 개의치 않았다. 더러워졌든 말든 선물을 전달하기만 하면 된다며 아무렇게나 던져놓고 돌아가 버렸다.

한편 A팀 산타클로스들은 불평 따위는 한 마디도 하지 않았다. 뿐만 아니라 '아이들에게 꿈을 배달한다.'는 사명을 달성하기 위해 다음 날 아침 아이들이 잠에서 깼을 때 감격할 수 있도록 굴뚝에 들어가기 전에 선물에 일일이 커버를 씌우는 등 꼼꼼히 준비해서 선물을 배달했다…….

일부러 설명할 필요도 없을 것이다. 이 이야기는 사명감이 있는 것과 없는 것에 따라 결과가 완전히 달라진다는 것을 가르쳐주고 있다.

그럼, 명확한 사명감을 가지면 어떤 긍정적인 결과가 나올까?

그것에 대해 드러커는 다음과 같이 이야기했다.

① 사명은 우리에게 일의 가치와 에너지를 부여해준다.

② 자신이 취해야 할 행동과 결정의 명확한 지침이 되어준다.

③ 가치 있는 사명이 우수한 인재를 획득하고, 머물게 하고, 성장시켜준다.

④ 사명은 도달해야 하는 이상, 목표를 가리켜주고 구체적으로 무엇을 해야 하는지를 가르쳐준다.

⑤ 사명은 그 자리에서 일하는 사람들의 합의를 형성해준다.

다음으로 사명을 실현하기 위한 조건이란 무엇일까?

① 사명에는 신념이 깃들어 있어야 한다(굳게 믿는 사람이 있다).

② 사명은 자신이 좋아하는 것이나 관심사와 일치하지 않으면 안 된다.

③ 사명은 고객에게 공헌할 수 있는 것이어야 한다.

아무리 뜻이 높은 사명을 마련해도 사명이 조직에 침투하지 못하면 도움이 되지 않는다.

사명을 조직에 침투시키기 위해서는 다음과 같은 요령이 필요하다.

① 사명이 침투해 있는 조직은 사명에 대해 관심이 높기 때문에 평소의 대화가 다르고, 평소의 대화 중에 사명이 나온다.

② 사명을 비주얼화하여 사명이 달성되면 무슨 일이 일어나는지 볼 수 있게 한다.

사내에서 사명이 공유되고, 이해되고, 행동으로 옮겨지게 되면 사명과 업무의 관계는 다음과 같이 될 것이다.

① 일상 업무와 연결되어 있다고 느낄 수 있게 된다.
② 사명 달성과 업무 개선을 생각하는 장이 마련되어 있다.
③ 사명을 실현하기 위한 업무를 달성한 사람이 있다면 칭찬한다.
④ 성공사례를 발표하는 장이 마련되어 있다.
⑤ 간부가 늘 리더들을 체크하고 있다(2~3회/월).
⑥ 사명을 구체적으로 어떻게 실행하고 있는지 트레이닝하는 시간이 마련되어 있다.

이상과 같이 사명은 항상 말단 직원들에게도 공유되고, 모든 행동이 사명에 근거하여 이루어지고 체크되고 있어야 한다.

그리고 사명이 말단 직원에게까지 침투해 있는지 어떤지, 모든 조직이 사명에 근거하여 제대로 기능하고 있는지 어떤지를 항상 체크하는 것이 경영진의 역할이다.

그렇게 하여 현재의 사명이 거의 실현되었을 때는 다음의 좀 더 높은 수준의 새로운 사명을 준비해둘 필요가 있다.

고객이 요구하는 가치는 무엇인가

　고객이 아직 한 번도 구입한 적이 없는 상품과 서비스를 구입하거나, 아직 들어간 적이 없는 음식점을 이용하는 것은 그 상품과 서비스의 콘셉트가 얼마나 좋으냐에 따라 좌우된다. 따라서 신제품을 출시하거나 신규 고객을 늘리기 위해서는 콘셉트를 어떻게 잡느냐가 포인트가 된다.

　그에 비해 한번 이용한 고객을 단골로 만들거나 열광적인 팬 고객으로 만들기 위해서는 상품과 서비스의 퍼포먼스가 좋은 것과 더불어 가격과의 밸런스가 포인트가 된다. 즉, 고객의 입장에서 본 상품과 서비스의 가치는 퍼포먼스와 가격이라는 두 가지 요소로 결정되는 것이다.

　그 관계를 식으로 나타내면 다음과 같다.

'V(가치) = P(퍼포먼스) ÷ C(고객이 부담하는 비용)'

퍼포먼스란 상품력, 점포력, 서비스력을 종합한 점수이고, 퍼포먼스가 높으면 높을수록 가치가 높아진다. 반대로 고객이 부담하는 비용이 높아지면 높아질수록 가치는 낮아진다.

또 가치는 고객 수에 비례하는데, 가치가 올라가면 올라갈수록 고객 수는 늘어난다. 따라서 가게가 번성하기 위해서는 가치를 높일 수밖에 없다. 그런 이유에서라도 우리가 매일 행하는 비즈니스 활동은 고객의 가치를 창출하기 위한 활동이고, 고객이 느낄 수 있는 가치를 계속해서 높이는 활동이기도 하다는 것을 인식할 필요가 있다.

고객이 요구하는 가치는 시대와 함께 바뀐다. 물자가 부족하던 시절에는 물자의 충족감이 큰 가치였다. 그런데 갖고 싶은 것은 무엇이든 손에 넣을 수 있게 된 지금은 마음의 충족감이 중요한 요소가 되었다.

일본에서는 이미 1980년경부터 물자의 충족에서 마음의 충족으로 무게의 중심이 옮겨갔다. 머슬로의 욕구계층론에서 말하는 상위 욕구로 옮겨간 것이다.

한편, 고객이 느낄 수 있는 가치를 깊이 파고드는 수법으로서 드러커는 다음의 다섯 가지 시점을 우리에게 가르쳐주었다.

① 고객은 무엇을 사는가(고객은 우리의 상품과 서비스를 사는 것에 의해 실은 무엇을 사려고 하는 것인가. 고객의 진정한 니즈, 충족시키고 싶은 만족감은 무엇인가).

② 고객은 무엇을 가치 있는 것이라고 생각하는가(고객은 상품과 서비스를 살 때 무엇에 가치를 인정하는가).

③ 아직도 만족되지 못한 고객의 욕구는 무엇인가.

④ 고객, 혹은 고객이 아닌 사람들은 타사에서 무엇을 사려고 하는가.

⑤ 잠재적인 고객이 구입하지 않은 이유는 무엇 때문인가(잠재적인 고객이란 자기들의 상품이나 서비스를 사줄 가능성은 있지만, 지금은 어디에서도 구입하지 않는 사람들).

이상의 시점에서 당사가 제공하고 있는 상품과 서비스를 분석해보았다.

우선 첫 번째. 당사의 상품과 서비스를 구입하는 고객은 제면기를 구입하거나 면 학교에 입학하는 것이 목적이 아닌 것은 명백하다. 당사의 제면기를 구입하는 것에 의해 얻을 수 있는 가치, 혹은 면 학교에서 배우는 것에 의해 얻을 수 있는 가치를 요구하고 있는 것이다. 그러한 가치는 당사의 세 가지 사명으로 응축되어 있다고 생각한다.

· 면 전문점 번성 지원회사
· 맛있는 일본의 면 문화를 전 세계에 퍼뜨린다

· 인생의 성공 스토리 판매 회사

사명이란 요컨대 고객을 위해 완수해야 할 책임이고, 책임을 다한 결과로서 고객에게 주는 가치다. 따라서 사명과 가치는 끝까지 일관성이 유지되고, 당사가 제공하는 가치는 사명에 의해 자동적으로 의미가 부여된다. 사명과 가치는 표리일체이기 때문이다.

고객이 인정하는 가치, 요구하는 가치는 시대와 함께 변화해간다. 그 변화에 맞춰서 사명의 재검토가 필요해지게 된다.

당사도 18년쯤 전에 설정한 '면 전문점 번성 지원회사'에 더해 9년쯤 전에 '맛있는 일본의 면 문화를 전 세계에 퍼뜨린다'와 '인생의 성공 스토리 판매 회사'를 추가했다. 물론 고객이 요구하는 가치에 맞춘 결과다.

그때까지 나는 당사의 고객인 면 전문점은 예외 없이 자신의 가게가 번성하기를 가장 바라고 있다고 생각했다. 그런데 그렇지 않았다. 물론 자신의 가게가 번성하기를 바라는 마음은 다들 갖고 있었지만 '개개인의 고객이 바라고 있는 인생의 성공 스토리는 각자 다르다'는 것을 알게 되었던 것이다. 이것이 두 번째 '고객은 무엇을 가치 있다고 생각하는가.'의 시점이다.

동시에 또 맛있는 일본의 면 문화를 전 세계에 퍼뜨리고 싶다는 고객이 나타나기 시작했다. '우동은 일본의 독자적인 식문화. 해외로 갖고 나가도 받아들여지지 않을 것이다.'라는 것이 기존의 상식이었다. 그 상식에 굳이 도전하려고 하는 사람이 나타나기 시작한 것이다. 이 또한 시대의 변화일 것이다. 그렇다면 굳이 지원하지 않을 이유가 없다.

그런 이유로 '맛있는 일본의 면 문화를 전 세계에 퍼뜨린다'를 사명으로 추가한 것이다.

다음 세 번째, '아직도 충족되지 않은 고객의 욕구는 무엇인가'. 이것은 그야말로 당사가 앞으로 풀어야 할 중요하면서도 큰 과제다. 고객의 욕구는 시시각각 채워지고 또 무한정 커지기 때문에 영원히 지속되는 엔드리스 과제이기도 하다. 새롭게 발생하는 욕구를 먼저 파악하여 재빨리 대응하는 것이 성공으로 가는 지름길인 것은 말할 필요도 없다.

네 번째. '고객, 혹은 고객이 아닌 사람들은 타사에서 무엇을 사려고 하는가'는 타사가 충족시키고 있는데 당사가 그렇지 못한 상품과 서비스를 말한다. 이것도 장래의 과제다.

그리고 다섯 번째. '잠재적인 고객이 구입하지 않은 이유는 무엇 때문인가'를 찾으려고 노력하면 잠재적인 고객도 마침내 현재화한다는 것이다. 그러기 위해서는 우리가 아직 실현하지 못한 고객 만족을 실현해야 하고, 기업적인 노력을 열심히 할 필요가 있다.

이처럼 가치에 대해 깊이 파고들다 보면 고객의 욕구가 시대와 함께 얼마나 크게 변화되었는지, 또 그 욕구의 변화에 근거하여 적절한 가치를 제공하는 것이 얼마나 중요한지를 이해할 수 있다고 생각한다.

시대의 큰 변화와 트렌드를 읽어야 하고, 항상 안테나를 펼치고 과거의 성공 체험에 취해 있지 않고 적절한 대응을 해나가는 것. 이것이야말로 21세기를 사는 비즈니스맨에게 절대로 빼놓을 수 없는 중요한 것이라고 생각한다.

물건을 파는 것이 아니라 콘셉트를 판다

최근 콘셉트라는 말이 자주 쓰이게 되었는데, 그 의미를 제대로 이해하지 못한 채 쓰고 있는 사람도 많은 것 같다.

사전에서 콘셉트를 찾아보면 '개념'이라고 나오지만, 일상생활에서 말할 때는 '전체를 관철시키는 포괄적인 의미'를 나타내는 경우가 많은 것 같다. 알기 쉽게 말하면 '사고방식' '방향성' '본질'이다.

내가 콘셉트의 중요성을 생각하게 된 것은 앞에서도 말했듯이 가와사키 중공업의 기체설계과에 재직하고 있을 때 '디자인 철학'을 주입받은 것이 계기였다.

비행기를 개발·설계할 때 가장 먼저 명확하게 해야 하는 중요사항이 '디자인 철학'이다. 그것을 철저하게 주입받은 나는 '디자인 철학'을 일반 업무로 치면 어떤 것에 해당하는지를 생각해보았다. 그것이 콘셉트라는 것을 깨달을 때까지는 많은 시간이 필요하지 않았다.

그 후 좀 더 깊이 생각해보면서 사명과 콘셉트의 차이도 서서히 알게 되었다. 즉, 사명이란 무언가를 시작할 때 최초로 명확하게 해야 하는, 우리 자신 혹은 조직의 존재 이유다. '왜(Why)'를 명확하게 하는 중요한 테마라는 것이다.

그에 비해 콘셉트는 '무엇(What)'을 명확하게 하는 것이다. 즉, 상품 등의 물건이나 사업 등의 일을 명확하게 하는 것이 콘셉트이다. 따라서 콘셉트라는 말을 비즈니스에서 사용하는 경우에는 '그 비즈니스의 본질'을 의미한다.

너무나 추상적이어서 이해하기 어려울지도 모르기 때문에 커피 전문점으로 대중에게 인기가 높은 스타벅스의 콘셉트를 예로 들어서 설명해보겠다.

스타벅스는 기본적으로 커피를 주축으로 해서 드링크, 푸드 류를 팔고 있는 카페이지만, 콘셉트는 커피를 파는 것이 아니다. '제3의 장소 제공', 이것이 스타벅스의 콘셉트이다.

제1의 장소는 자택, 제2의 장소는 직장 혹은 학교. 그리고 제3의 장소는 자택도 직장도 아니다. '편히 쉴 수 있는 공간'. 그것을 제공하는 것이 스타벅스의 콘셉트이고, 스타벅스의 비즈니스의 본질이다.

나도 가끔 스타벅스를 이용하지만 결코 커피만 마시러 가는 것은 아니다. 스타벅스에 가는 것은 누군가와 면담할 장소가 필요할 때라든가, 손님과의 상담, 면접, 책을 읽거나 PC로 일을 할 수 있는 장소를 확보하기 위해서다. 매장 내에 전원 콘센트가 설치되어 있기 때문에 PC로 장시간 일할 때는 많은 도움이 된다.

다른 손님들은 어떨까 싶어서 둘러보면 커피만 마시러 온 사람은 거의 보이지 않았다. 무언가를 하기 위해, 혹은 편히 쉴 수 있는 공간을 이용하기 위해 온 것처럼 보였다.

즉, 스타벅스는 커피를 팔아서 돈을 버는 비즈니스가 아니라 장소를 제공하고 돈을 버는 비즈니스를 전개하고 있는 것이다. 이것이 스타벅스의 비즈니스의 본질, 요컨대 콘셉트이다.

그리고 스타벅스는 이 콘셉트를 관철시키기 위해 다양한 궁리를 하고 있다.

① 점포의 분위기에 대한 고집.
② 출점과 입지에 대한 고집(프리미엄 입지).
③ 오퍼레이션 형태에 대한 고집(프랜차이즈가 아닌 직영점 방식).
④ 직원에 대한 고집(인적 자원에의 투자).
⑤ 메뉴에 대한 고집(주류는 판매하지 않는다. 나이프와 포크를 사용해야 하는 음식은 제공하지 않는다).

이처럼 스타벅스는 커피라는 상품을 파는 것이 아니라 콘셉트를 팔고 있다.

참고로 당사 면 학교의 콘셉트는 '면 만드는 방법을 가르치는 학교'가 아니라 '고객의 인생에서 시간의 낭비를 없애는 학교' '인생을 바꾸는 학교'이다.

'소비자에게 감동을 줄 수 있는 맛있고 안전한 자가 제면을 전 세계에 퍼뜨리고, 비즈니스로 성공하는 학생들을 많이 배출하고, 학생들의 인생의 성공 스토리를 만드는 데 도움을 주는 것.'

이것이야말로 당사 면 학교의 비즈니스의 본질이다.

이처럼 콘셉트란 비즈니스의 본질이고, 얼핏 상품이나 서비스를 팔고 있는 것처럼 보이는 경우도 비즈니스의 본질을 완수하기 위한 하나의 수단일 뿐이다.

비즈니스의 본질을 이해하는 것이 원하는 결과를 얻기 위한 가장 빠른 길이다.

비즈니스란 고객에 대한 가치 창조이고, 비즈니스의 본질을 정리하면 아래와 같다.

① 고객의 마음을 바꾸는 것.

② 지속적으로 성장하는 것. 성장하지 않는 비즈니스는 있을 수 없다.

③ 스스로 위험을 감수하는 것.

④ 먼저 주는 것.

⑤ 자신의 사명을 완수할 수 있고 열정이 있는 일에 몰두하는 것.

⑥ 아직 해결되지 않은 고객의 문제를 해결하는 것.

⑦ 기분 좋은 상태를 계속 만들어나가는 것(자신에게도, 종업원에게
   도, 고객에게도).

⑧ 지금의 모습을 마땅히 그러해야 할 모습으로 바꾸는 과정.

⑨ 라이벌과는 절대로 경쟁하지 않는 것.

⑩ 비즈니스를 시작하는 것은 고객을 명확하게 하는 것(사명, 가치,
   콘셉트의 명확화).

⑪ 상반되는 모든 요소를 만족시키려고 하는 모순을 따라잡는 것. 모
   순으로 가득한 환경에서 경영하는 것(A 또는 B가 아니라 A도 B도).

⑫ 고객 연구, 진짜 고객에게 포커스를 맞추고, 고객이 되어서 고
   객의 진짜 니즈를 이해하고 해결하는 것.

사명, 비전, 그리고 전략

사명, 비전 등도 경영이념이 기본이다.

경영이념이란 경영자가 기업 경영에 대해 갖는 기본적인 가치관, 태도, 신조를 말한다. 무엇을 위해 경영하는지를 사내외에 나타내는 것이고, 기업으로서 사회적 책임을 수행하기 위한 기초가 되는 것이다.

다른 각도에서 말하면 경영이념이란 경영자의 경영에 대한 사상, 철학을 엮어놓은 것으로 아래의 책임을 요소로 하여 성립된다.

① 고객에 대한 책임.

② 함께 일하고 있는 종업원에 대한 책임.

③ 사회에 대한 책임.

④ 주주에 대한 책임.

경영자는 이러한 책임을 완수해야 하는 사명을 띠고 있다. 이 네 가지 중에서 특히 중요한 것이 고객에 대한 책임인데, 이 중책을 완수하기 위해서는 '고객의 가치 창조를 위해 자신의 생명을 어떻게 사용하는가', 내지는 '단 한 번밖에 없는 귀중한 인생을 사용하면서까지 왜 고객의 가치 창조에 기여하고 싶은가'라는 것을 명확하게 할 필요가 있다.

즉, 사명(Why)을 명확하게 하는 것이다. 그때는 다음 세 가지 항목에 따라 목표를 명확하게 해야 한다.

① 도달해야 하는 목표지점(비전)이 있을 것.
② 목표를 향해 나아가는 행동이 있을 것.
③ 그러한 것들에 대해 고객의 요구가 있을 것.

사명이 '미션'이라면 목표는 '비전'이고, '비전'이란 사명이 달성된 상태를 의미한다.

목표(비전)는 그 성격상 도달되어야 하는 것이다. 따라서 하나의 목표가 도달될 무렵에는 좀 더 뜻이 높은 새로운 사명, 새로운 목표를 설정하는 것이 필요하다. 사명·목표의 설정→달성→새로운 사명·목표의 설정→달성이라는 사이클의 끝에 있는 것은 영원한 번영이다. 즉, 끝없이 번영하기를 원한다면 항상 새로운 사명, 새로운 목표를 설정해야 한다.

사명이 고객에 대한 책임을 메인으로 잡고 있는 것은 앞에서도 말한 바와 같지만, 그렇다면 비전은 어떨까? 물론 이 경우도 고객에 대한 책임이 가장 중요하다. 하지만 그뿐만이 아니라 종업원에 대한 책임, 사회에 대한 책임, 나아가서는 주주에 대한 책임까지 포함된다. 요컨대 경영이념의 모든 항목이 포함되고, 그 모든 것들이 달성된 상태가 비전이 된다.

좀 더 깊이 생각해보면 고객에 대한 책임을 충분히 완수하는 것에 의해 종업원에 대한 책임, 사회에 대한 책임, 주주에 대한 책임도 더불어서 완수하는 것이 가능해진다. 반대로 고객에 대한 책임인 사명을 완수하지 못하면 결과적으로 종업원에 대한 책임, 사회에 대한 책임, 주주에 대한 책임도 완수할 수 없게 된다. 그렇기 때문에 고객에 대한 책임을 완수하는 것이 가장 중요한 과제인 것이다.

회사 경영에는 사명과 콘셉트, 그리고 목표가 불가결하다는 것을 이제는 이해했을 것이라 생각한다.

그렇다면 사명, 콘셉트, 목표를 명확하게 했다고 다 사업을 할 수 있을까? 그렇지 않다. 그것만 갖고 비즈니스의 스타트라인에 서는 것은 조금은 성급한 행동이다. 왜냐하면 전략이 없기 때문이다.

사명(왜=Why)과 콘셉트(무엇=What)를 어떻게(전략=How) 달성하여 목표(비전)에 도달하는가.

즉, 목표에 도달하기 위한 코스가 전략이고 이 또한 회사 경영에 빼놓을 수 없는 중요한 요소다. 게다가 그때는 사명, 콘셉트, 전략이 모두 같은 사상으로 일관되어 있어야 하는 것이 필수다.

사명에서 비전에 도달하기 위해서는 다양한 코스를 생각할 수 있다. 예를 들면 후지 산에 오르는 것을 사명이라 하고, 정상에서 일출을 보는 것을 비전이라고 하자. 산을 오르는 방법으로는 우선 산기슭에서 정상까지의 모든 코스를 걸어서 오르는 방법이 있다. 혹은 중간까지는 차로 가고 나머지를 걸어서 올라가는 방법도 있다.

루트 검토도 필요하다. 멤버의 체력, 다릿심, 기타 등등을 감안하여 후지노미야 루트, 요시다 루트, 스바시리 루트, 고텐바 루트 중 하나를 선택해야 한다. 그 외에 헬리콥터를 이용하여 단번에 정상으로 가는 방법도 있다.

이처럼 다종다양한 방법 중에서 가장 효율적이고, 또 자사에 가장 어울리는 방법을 고르는 것이 전략이다. 잘못된 전략을 선택하면 품만 많이 들고 열매는 적은 결과를 초래하거나, 비전 자체에 도달하지 못하는 최악의 결과를 초래할 수도 있기 때문에 전략을 결정하는 데도 세심한 주의가 필요하다.

비즈니스를 시작하는 것은 바로 2W 1H를 명확하게 하는 것이다.

① Why …… 사명을 명확하게 한다.

② What …… 콘셉트, 즉 비즈니스의 본질을 명확하게 한다.

③ How …… 전략을 명확하게 한다.

여기서 ②와 ③에 관해서는 비즈니스의 본연의 모습을 명확하게 하는 것이다. 즉, 수익을 내기 위한 비즈니스 구조(비즈니스 모델)를 명확하게 하는 것이다.

이렇게 생각해보면 비즈니스는 뜬구름을 잡는 듯한 영문을 모르는 것이 아니라 이치에 맞는 코스로 형성되어 있다는 것을 알 수 있다.

비즈니스로 성공하기 위해서는 정해진 것을 정해진 대로 한 걸음 한 걸음 나아가는 것, 그 외에는 성공법이 없다고 해도 과언이 아니다.

나는 과거, 많은 실패를 하고 많은 수업료를 지불했다. 그것은 지금까지 말했듯이 비즈니스의 이치를 이해하지 못했기 때문이다. 면 학교의 학생들에게 이 이치를 깨우쳐주려고 열심히 가르치고 있는 것은 나와 같은 실패를 그들이 되풀이하지 않기를 진심으로 바라기 때문이다.

경영이념은 경영자의 근간

　경영이념이라는 말은 좀처럼 이해하기 어려운 말이다. 또 경영이념을 해석하는 방법은 사람마다 제각각이다.

　《현대경영사전》에는 '경영이념이란 경영자에 의해 공표된 기업 경영에 대한 신념 체계로 기업의 인간·사회에서의 역할을 명백하게 하는 것'이라고 되어 있다. 그리고 "경영이념이란 경영자(회사)가 가장 실현하고 싶은 생각을 성문화한 것."이라고 말하는 사람도 있다. 혹은 또 "경영이념이란 경영층이 갖는 경영철학이나 세계관 등을 정리한 것으로 기업 경영이나 조직의 기본상(원점)을 나타내는 것."이라든가 "경영이념이란 경영자가 기업 경영에 대해 갖는 기본적인 가치관, 태도, 신조를 말한다."는 견해도 있다.

　내가 해석하기로는 앞에서도 말했듯이 경영이념이란 '책임'이다. 즉, 고객에 대한 책임, 종업원에 대한 책임, 사회에 대한 책임, 주주에 대한 책임을 명확하게 하는 것이 경영이념이라는 것이 나의 생각이다.

참고로 시부사와 에이이치(근대 일본의 대표적인 경영인-옮긴이)도 "경영의 본질은 책임이다."라고 말한 바 있다. 그가 이런 말을 했다는 것을 알았을 때는 마치 나를 이해해주는 사람을 만난 것 같아서 너무나 좋아했던 기억이 있다.

그런데 그 후 나는 한 회사의 홈페이지에 들어갔다가 깜짝 놀랄 경험을 했다. 왜냐하면 그 회사의 홈페이지에서는 내가 생각하는 네 가지 책임을 그대로 경영이념으로 내세우고 있었기 때문이다. 바로 미국의 의료기기 및 제약 회사인 존슨 앤 존슨(J&J)이다.

이 회사가 어떤 경영이념을 표명하고 있는지, 조금 길어지지만 소개해보겠다.

J&J의 한결같은 행보의 초석이 되고, 끊임없이 적절한 방향으로 이끌어주는 원천이 되어온 것이 J&J의 코어 밸류인 '우리의 신조(Our Credo)'다. 이것은 J&J의 기업이념이자 윤리규정으로서 전 세계로 뻗어나간 그룹의 각사와 직원 개개인에게 확실하게 계승되고 있고, 각국의 패밀리 기업에서는 사업운영의 핵심이 되고 있다.

우리의 신조(Our Credo)
우리의 첫 번째 책임은 우리의 제품 및 서비스를 이용하는 의사, 간호사, 환자, 그리고 어머니, 아버지를 비롯한 모든 고객에 대한 것이라고 확신한다.

고객 한 사람 한 사람의 니즈에 응하는 데 있어서 우리가 행하는 모든 활동은 질적으로 높은 수준의 것이어야 한다.

우리의 거래처에는 적정한 이익을 올릴 수 있는 기회를 제공해야 한다.

우리의 두 번째 책임은 모든 직원—전 세계에서 함께 일하는 남성과 여성—에 대한 것이다. 직원 한 사람 한 사람은 개인으로서 존중받고, 그 존엄과 가치가 인정되어야 한다. 직원은 안심하고 업무에 종사할 수 있어야 한다.

대우는 공정하고 적절해야 하고, 업무 환경은 청결하고 정리 정돈이 잘되어 있으며, 또 안전해야 한다.

직원이 가족에 대한 책임을 충분히 다할 수 있도록 배려해야 한다.

직원의 제안, 고충을 자유롭게 말할 수 있는 환경을 만들어 주어야 한다.

능력이 있는 사람들에게는 고용, 능력 개발 및 승진의 기회가 평등하게 주어져야 한다. 우리는 유능한 관리자를 임명해야 한다. 그리고 그 행동은 공정하고 도의에 맞아야 한다.

우리의 세 번째 책임은 우리가 생활하고, 일하고 있는 지역사회, 나아가서는 전 세계라는 공동사회에 대한 것이다.

우리는 선량한 시민으로서 유익한 사회사업 및 복지에 공헌하고, 적절한 조세를 부담해야 한다.

우리는 사회의 발전, 건강의 증진, 교육의 개선에 기여하는 활동에 참획하여야 한다.

우리가 사용하는 시설을 항상 양호한 상태로 유지하고, 환경과 자원의 보호에 노력해야 한다.

우리의 네 번째이자 마지막 책임은 회사의 주주에 대한 것이다.

사업은 건전한 이익을 낳아야 한다.

우리는 새로운 생각을 시도해야 한다.

연구개발은 계속되고, 혁신적인 기획은 개발되고, 실패는 속죄해야 한다. 새로운 설비를 도입하고, 새로운 시설을 정비하고, 새로운 제품을 시장에 도입해야 한다.

역경의 시기에 대비하여 축적해놓아야 한다.

이 모든 원칙이 실행되어야 비로소 주주는 정당한 보상을 누릴 수 있다고 확신한다.

―J&J사 홈페이지에서 인용

여기에는 내가 생각하는 경영이념에 필요한 항목이 모두 망라되어 매우 구체적이면서도 주의 깊게 기록되어 있을 뿐만 아니라, 내가 말하고자 하는 것이 너무나 완벽하게 대변되어 있다. 정말로 멋진 사례라고 생각한다.

이 글을 보면 J&J가 1887년에 창업한 이래, 120년 이상의 오랜 세월이 흐르는 동안 큰 위기 없이 순조롭게 성장해온 이유를 알 수 있을 것 같다.

일본에도 훌륭한 경영이념을 내세우고 있는 회사가 몇 군데나 있다. 혼다가 그 대표가 아닌가 싶다. 혼다의 창업자는 혼다 슈이치로인데, 그는 발명가로도 대단한 업적을 남겼을 뿐만 아니라 철학자를 연상케 하는 멋진 말을 무수히 남겼다.

그중에서도 나를 신음하게 한 것은 혼다의 기본 이념이기도 한 '세 가지 기쁨'과 '인간 존중'이라는 말이다. 세 가지 기쁨이란 '사는 기쁨' '파는 기쁨' '만드는 기쁨'이고, 혼다의 홈페이지를 열자 다음과 같은 해설이 덧붙여져 있었다.

1. 사는 기쁨
혼다의 상품이나 서비스를 통해 고객이 단순히 만족하는 데 그치지 않고 공감이나 감동을 느끼는 것.

2. 파는 기쁨
가치 있는 상품과 마음이 담긴 응대 · 서비스로 형성된 고객과의 신뢰관계에 의해 판매나 서비스에 종사하는 사람이 긍지와 기쁨을 가질 수 있는 것.

3. 만드는 기쁨

고객이나 판매점에 기쁨을 주기 위해 그 기대를 웃도는 높은
가치의 상품이나 서비스를 만들어내는 것.

혼다는 이 '세 가지 기쁨'으로 고객에 대한 책임과 종업원에 대한
책임을 명확하게 하고 있는 것이다. 과연 세계의 혼다는 기본 이념이
확실하다고 할 수밖에 없다. 그리고 하나 더 나의 마음을 사로잡은
혼다 슈이치로의 말이 있다.

"이념과 철학이 없는 행동(기술)은 흉기이고, 행동(기술)이 없는 이
념은 가치가 없다."

실로 깊은 맛이 있는 말이다.

J&J도 혼다도 저마다 훌륭한 경영이념을 명확하게 내세우고, 그것
을 베이스로 세계적인 기업으로 성장·발전해왔다. 만약 경영이념
도 없이 '고객에 대한 책임 따위는 아무래도 상관없다. 돈만 벌면 뭘
해도 된다.'는 사풍의 회사였다면 오늘날 이렇게까지 발전하는 일은
절대로 없었을 것이다.

창업 때부터 경영이념으로 고객이나 종업원, 사회 등에 대한 책임
을 명확하게 한 회사가 성공할 확률은 일반적으로 높고, 그렇지 않은
회사가 성공할 확률이 매우 낮은 것은 틀림없다.

이유는 간단하다. 고객을 비롯해서 기업의 이해 관계자로부터 신

뢰를 받을 수 없기 때문이다.

고객에 대한 책임감이 없는 가게에서 누가 물건을 사고 싶다고 생각하겠는가? 종업원에 대한 책임감은 없고 마치 물건 다루듯이 하는 회사에서 누가 일하고 싶다고 생각하겠는가?

역시 사명과 비전을 명확하게 하고 회사가 목표로 하는 방향을 경영이념으로 분명히 하는 것이 기업 경영의 기본이고, 회사를 가동시킬 때는 거기서부터 시작해야 한다. 물론 사명이나 비전을 명확하게 하는 것뿐만 아니라 그것을 조직의 말단에까지 침투시키는 노력도 잊어서는 안 된다.

멋진 사명의 사례 -
뛰어난 개성이 발휘되고 있는 기업

　이번 꼭지에서는 멋진 사명을 설정하고 있는 사례로서 화과자 제조업체인 '다네야'를 소개하고자 한다.

　시가 현^{滋賀縣} 오미하치만 시^{近江八幡市}에 본사를 두고 있는 다네야는 1872년에 창업했다. 이후 화과자 제조업체로서 견실하게 영업을 해오다 도중에 급성장을 이룬 '비저너리 컴퍼니^{Visionary Company}'를 체현한 듯한 기업이다.

　나는 오미하치만에 있는 히무레 빌리지(다네야가 운영하는 과자 교실)에 수차례 가본 적이 있다. 어떤 때는 가족과 함께 가고, 어떤 때는 회사 직원들과, 또 어떤 때는 고객을 안내하며 방문했다.

　언제 찾아가도 옛날의 그리운 일본 분위기가 따뜻하게 맞아준다. 그리고 상품과 서비스에 일체의 타협이 없는 듬직한 모습에 나도 모르게 몸과 마음을 바로하게 된다.

'이런 멋진 분위기의 시설을 만들 수 있는 경영자는 평소 어떤 마음가짐일까?' 문득 궁금증이 일었는데, 그 답은 회사 안내문 중 'CEO의 인사'에서 볼 수 있었다.

CEO의 인사

'꿈'이라는 아름답고 따뜻한 한 글자.

우리는 이 말의 아득히 먼 곳을 바라보면서 치유되거나 격려를 받고, 때로는 인생의 중요한 결단을 재촉 받거나 용기를 받고 행동을 일으키는 동기를 받곤 합니다.

'꿈' 이야기는 따라잡을 수 없는 비현실적인 헛된 '꿈'이라고 포기해버리든가, 아니면 이 세상, 이 현실에서 그려보는 한 언젠가 현실적인 이야기로서 어떤 형태로든 이루어질 수 있는 것이라고 여기며 매일 노력 정진하느냐는 것이겠죠.

다네야도 창업 이래 이 '꿈'만은 버리지 않고 하나하나 현실로 만들어왔습니다. 과거의 오미近江 상인(오사카 상인, 교토 상인과 함께 일본의 3대 상인-옮긴이)들이 대도시에 속속 큰 가게를 마련했듯이 우리도 1984년 현을 벗어난 첫 매장으로 도쿄 니혼바시日本橋의 백화점에 출점했습니다. 꿈만 같던, 긴장감이 흘러넘치는 현실이었습니다.

촌스러운 오미의 한 과자점을 본연의 모습 그대로 보여드리고자 직원 모두가 하나가 되어 분투했습니다. 그 덕분에 그때의 출점이 다네야를 오늘의 모습으로 만들어주었습니다. 물론 단순히 매상이 늘어났다는 것이 아니라 '꿈'에 '꿈'을 거듭해가는 가능성과 다네야의 과자나 장사에 대한 자세, 조금 과장해서 말하자면 다네야의 기업으로서의 생존 방식을 고객 분들이 이해해주셨고, 또 많은 가르침은 물론 무엇보다도 미래와 연결되는 힘을 주셨습니다.

'꿈'을 현실적인 형태로 만들어가는 데 있어서 큰 힘이 되어준 것은 인연이라는 것이었습니다. 이 드넓은 일본에서 오미하치만의 역사와 풍토가 초래한 것인지, 1905년 존경받는 선교사이자 훌륭한 건축가이기도 한 M. 보리스가 우연히 다네야 근방에 살게되었습니다. 전쟁이 끝나자마자 이 보리스의 권유로 양과자를 제조·판매하기 시작한 것이 오늘의 클럽 하리에의 전신입니다.

항상 가족적인 수제품의 따뜻함과 품격을 중시한 보리스의 가르침대로 처음엔 현 내에서만 판매했지만, 오사카의 백화점에서 의뢰를 받고 촉촉한 맛을 꾸준히 지켜온 바움쿠헨이라면 충분히 해볼 만하다는 판단에 과감히 상품으로 내놓아보았습니다. 그리고 꿈을 훌쩍 뛰어넘는 대호평을 받았습니다. 덕분에 클럽 하리에는 지금 다네야를 앞지를 정도로 성장했습니다.

그러나 이러한 과정, 경과는 말씀드릴 필요도 없이 결코 완전한 것은 아닙니다. 너무 서두른 나머지 어딘가에서 뭔가 중요한 것을 놔두고 잊고 온 것은 아닌지, 혹은 일단락되었다고 해서 다소 소홀히 한 것은 아닌지 싶은 것입니다. 그것은 말할 필요도 없이 '제과점이란 무엇인가'라는 새삼스러운 질문입니다. 맛이든 품질 관리든, 또 다네야의 장인, 직원으로서의 인간 형성이든, 지금 다시 한 번 원점으로 돌아가서, 기본으로 되돌아가서, 확고부동한 것을 완성시키지 않으면 안 되겠다고 느끼고 있습니다.

과거 오미 상인들은 교육과 인간 육성이라는 것에 놀라울 정도로 많은 힘을 쏟았습니다. 그러기 위해서 물론 학교도 몇 군데 설립했다고 들었습니다. 다음 세대를 책임질 젊은이들에게 꿈을 갖게 하고, 전문교육을 실시하여 하나하나 형태로 만들어 가는 것의 중요성을 가르쳐서 사회로 내보냈습니다.

우리는 이렇게 스스로에게 던지는 질문과 함께 현재 과자 학교 설립에 '꿈'을 그리고 있습니다. 현재, 오미의, 또 오미 상인의 지혜야말로 빼놓을 수 없는 생활의 양식은 아닌지. 그곳에서는 과자 만들기란 무엇인가라는 질문을 기본으로 근거지 오미의 멈출 줄 모르는 이러한 지혜를 살려서 기초와 기본을 확실하게 익히는, 다네야가 아니고선 할 수 없는 전문교육을 펼치겠다는 꿈으로 부풀어 있습니다.

포악하고 거칠기 짝이 없는 미야모토 무사시를 바른 인간으로 살 수 있도록 교육시킨 것이 다쿠안 선사. 교토京都 다이토쿠사大德寺의 153대 주지가 된 고승인데, '꿈'이라는 한 글자를 그 어떤 것보다도 소중히 여겼다고 합니다. 그런데 희한한 것은 다네야라는 로고를 같은 다이토쿠 사 520대 주지인 후쿠토미 셋테이 노승이 지어주신 것도 꿈을 버리지 않고 걸어온 감사한 정진편 달精進鞭撻의 세 문자로 직원 일동이 마음에 새기고 있습니다.

이 CEO의 인사말에서는 다네야가 단순한 제과점이 아니라 과자의 본질을 깊이 파고들어서 업계에 큰 변혁을 일으키려고 하는 의지를 충분히 엿볼 수 있다.

그럼 경영이념은 무엇일까?

일반적으로 경영이념은 항목별로 쓰여 있는 경우가 많지만 다네야의 경우는 '다네야가 걸어야 하는 길'이라는 산문으로 표현되어 있는 것이 큰 특징이라고 할 수 있다.

다네야가 걸어야 하는 길

타인에게는 행복을, 그리고 스스로에게는 엄격한 채찍을. 여기에 상인으로서의 진정한 길이 있다.

사람이 존재하는 곳에는 반드시 길이 있다. 하지만 그 길은 스스로 찾아서 개척하지 않으면 결코 열리지 않을 것이라는 선인들의 가르침을 지표로 삼아 다네야는 한눈팔지 않고 걸어왔다. 그리고 앞으로도 쭉 그 정도正道를 걸어갈 것이다.

이마에 땀을 흘리며 열심히 길을 개척하라. 흘러 떨어지는 땀방울의 빛이야말로 건강하게 일할 수 있다는 기쁨의 증표다. 건강하게 일할 수 있다는 것이 얼마나 감사한 일인가. 감사를 잊지 말고 매일 마음을 새롭게 하며 걸어가자.

우리가 가는 길도, 이 건강한 신체도, 일도, 모두 사람들 덕분. 부모님을 비롯해 우리를 이끌어준 많은 스승님, 선인, 친구 등, 세상 사람들의 따뜻한 마음을 너무나 많이 받았다. 결코 잊어서는 안 된다는 깨우침을 주신 선인들의 마음에 부응하여 오늘도 길을 확인하면서 걸어가자.

뛰어서는 안 된다. 하지만 멈추는 것은 더욱 어리석은 일. 그저 오로지 우리 선인의 말씀을 지키면서 오늘도 생활을 영위하도록.

사람에겐 누구나 희로애락의 마음이 있다. 그것은 자연의 섭리이지만 기쁨의 마음을 에너지로 삼아서 더욱 앞으로 나아가는 마음을 키우고, 분노의 마음은 스스로 진정시켜서 노력하는 마음으로, 그리고 슬픔을 안다면 남을 배려하는 사랑의 마음을 키우고, 즐거움은 자기뿐만 아니라 남도 즐겁게 하는 풍요로운 마음이 될 수 있도록 스스로를 연마하여 키워가자.

과자菓子는 원래 과자果子(열매)에서 온 말. 자연의 혜택, 누렇게 익은 열매로부터 받은 것이라면 하늘이 내리신 우리 생명의 근원임을 명심하라. 장사는 누렇게 익은 열매를 갖고 산천을 넘고 골짜기를 지나 자신이 원하는 것과 바꾸려는 것에서부터 시작된다면 목숨을 걸어라. 손님은 생명의 어머니, 손님이 있어야 삶도 영위할 수 있다는 선인의 마음을 우리의 마음으로 삼아 오늘도 혼을 싣고 성심을 다해 장사하러 다녀야 한다.

천평봉天枰棒(양 끝에 짐을 매달고 어깨에 메는 막대기-옮긴이)을 어깨에 메고 사방팔방으로 돌아다니며 장사하던 선인은 우리에게 또다시 깨우침을 준다. 장삿짐은 왕복 천 평이어야 한다. 빈 짐은 용납되지 않는다. 그러나 돌아오는 천평봉의 짐은 장사하기 위한 것이 아니라 고르고 또 골라서 신세를 진 세상 사람들에게 감사하는 마음의 짐을 지고 돌아와야 한다고. 천평봉을 받치고 있는 심주心柱는 정직의 마음, 감사의 마음, 스스로 나서서 노력하는 마음, 검약의 마음, 친절, 은덕의 행위라는 것을 가슴속에 새기고 장사의 길에 나서라. 이 마음을 잊지 않으면 오미 상인의 처세, 생활방식, 장사의 열매는 적어도 세상의 한구석을 밝히는 빛이 되고, 결국엔 불멸의 등불을 높이 매달아 그 길 역시 오미興味에 도달할 것이다.

'지금'은 다시 돌아오지 않는 시간이다. 지금을 더없이 소중하게, 늘 새로운 마음으로 장사하고, 새로운 복을 세상에 전파해야 한다는 마음으로 찾고 찾아다녀라.

선구禪句에 이르기를 십이시十二時(하루를 열둘로 나누어 보는 시간법-옮긴이)에 쓰이지 않고 십이시를 쓸 수 있어야 한다

거듭 말한다. 오늘 어떻게 손님을 기쁘게 해드리는가, 이것이

야말로 장사의 진수다. 숫자만을 쫓는 것은 진정한 장사가 아니다. 마음을 닦고, 몸을 낮게 하고, 손님에 대한 예의를 다하라.

연못은 달을 비춰내기 위해 거기 있는 것이 아니다. 연못이기에 달이 스스로 찾아와 그 모습을 연못에 비춘다. 뒤돌아보아도 찾는 것을 찾지 못하고, 그저 오로지 자신이 믿는 올바른 길을 걸어라. 성과는 진실한 곳에 찾아오는 법이다. 이것이야말로 우리 스에히로쇼토未廣正統(오미 상인의 마음가짐-옮긴이)의 이정표다.

성심을 다해 지키고 확고한 발걸음으로 꾸준히 걸어갈 것을 맹세하노라.

오로지 상도를 지키며 나아가겠다는 단호한 의지가 절실히 전해진다. '상도란 무엇인가'를 긴 문장으로 엮어서 반복하고 있는 점이 가장 큰 특징이고, 그만큼 창업자의 뜨거운 마음이 읽는 이의 가슴에 와 닿는다.

이것이야말로 다네야의 진수, 몇 대에 걸쳐 이어져 내려온 DNA가 명확하게 나타난 참으로 훌륭한 경영방침이다.

콘셉트의 사례 –
콘셉트의 재탕은 효과가 없다

나무의 뿌리에 해당하는 부분이 사명이라면 콘셉트는 줄기에 해당한다. 뿌리는 평소 흙 속에 감춰져 있어서 보이지 않지만 줄기는 보인다. 보이는 이 부분이 콘셉트이고, 콘셉트란 다시 말해서 사명이 형태가 된 것이라 할 수 있다. 그 콘셉트가 좋으면 상품이나 서비스가 사람들의 마음을 사로잡아서 아직 한 번도 온 적이 없는 손님을 가게로 불러들이거나 첫 구매로 이어지게 한다.

예를 들면 가게에 한 번도 온 적이 없는 손님이 가게 앞을 막 지나치려고 하는 순간 가게에 들어갈지 말지를 판단하는 결정적인 근거가 되는 것은 외장外裝이거나 가게 안의 분위기이다. 그 외장이나 분위기를 결정하는 것이 콘셉트이다. 즉, 첫 판매가 이루어지느냐 마느냐는 콘셉트의 좋고 나쁨으로 결정되는 경우가 많다.

그리고 또 지속적으로 그 상품이나 서비스의 구입 여부를 결정하는 것은 상품이나 서비스 자체의 가치(V)와 퍼포먼스(P) 및 가격(C)이다(V=P÷C).

그러나 재구입 고객을 만들려고 해도 어쨌든 한 번은 자사의 상품이나 서비스를 구입하도록 만들지 않으면 불가능하다. 그렇기 때문에 콘셉트가 중요한 것이다. 사업을 성공시키고 싶다면 우선 콘셉트를 제대로 잡아야 한다. 이것을 결코 잊어서는 안 된다.

콘셉트는 나무를 예로 들면 줄기이고, 사명(뿌리)과 연결되어 있다. 사명에서 벗어난 콘셉트는 아무 의미도 없다. 이어서 전략은 가지, 전술은 잎으로 각각 예를 들 수 있다.

즉 사명, 콘셉트, 전략, 전술은 일관성을 갖고 연결되어 있는 것인데, 가장 중요한 것은 눈에는 보이지 않는 뿌리(사명)이고, 사명이야말로 비즈니스의 가장 중요한 근원(존재의의)이다. 그에 비해 콘셉트는 비즈니스의 본질이고, 각종 비즈니스의 본질을 적확하게 정리한 말이라고 할 수 있다.

이해하기 쉬운 사례로서 스타벅스의 '제3의 장소 제공'을 소개했는데, 콘셉트는 사명과 밀접하게 연결되어 있기 때문에 때때로 사명과 콘셉트가 거의 동일한 경우도 있다.

그 하나의 예로서 모스버거를 들 수 있다.

모스버거의 사명은 '활력 재생산의 장소 제공'이다. 이것이 의미하는 바는 '매장에 온 손님은 한 명의 예외도 없이 건강하게 하여 내보낸다.'는 것이다. 모스버거는 얼핏 햄버거를 팔아서 비즈니스를 성공시킨 것처럼 보이지만 비즈니스의 본질은 그렇지 않았다. 매장에 와준 손님 한 분 한 분을 건강하게 하여 내보내는 것, 이것이 모스버거의 비즈니스의 본질이었던 것이다.

맛에 대한 고집과 건강에 대한 고집을 결코 꺾지 않는 것은 그런 이유 때문이고, 전국의 협력농가가 가능한 한 농약이나 화학비료에 의존하지 않는 농법으로 키운 채소를 사용하는 등, 안심·안전한 햄버거를 제공하기 위해 노력하는 것 외에 마음이 편한 분위기를 만들거나 정성이 담긴 따뜻한 서비스에도 심혈을 기울이고 있다고 한다.

나도 가끔 모스버거 매장에 찾아가는데, 왠지 안심하게 된다. 그 배경에 '활력 재생산의 장소 제공'이라는 사명이 있고, 그 사명을 일관성을 갖고 관철시키고 있는 사상이 있기 때문이지 싶다.

모스버거는 음식업에서 고객만족도가 높은 기업으로 언제나 이름을 올리고 있다. 역시 비즈니스를 시작하는 초기 단계에서 사명과 콘셉트를 명확하게 하는 것은 매우 중요하다. 그리고 그것이 빠르면 빠를수록 견고한 경영기반을 구축할 수 있다.

다음으로 당사의 면 학교를 예로 들어서 좀 더 구체적으로 설명하고자 한다.

당사 면 학교의 콘셉트는 '학생들의 인생의 시간 낭비를 없애는 학교'이다. 요컨대 당사의 면 학교에 오지 않고 면 전문점을 개업하면 방대한 시간을 낭비하게 될지도 모른다는 전제를 세우고, 그렇다면

'인생의 시간 낭비를 없애는 학교를 만들자.'고 생각했던 것이다.

물론 시간 낭비를 방지하는 것만이 전부라는 말은 아니다. 귀중한 돈을 지키는 것, 이 또한 면 학교의 가치다. 그런데 그러기 위해서는 어떻게 해야 할까?

처음에 생각한 것은 성공하기 위해서는 빼놓을 수 없는 사고방식, 각오, 최신 노하우, 면 만들기와 관련된 모든 지식을 철저하게 교육하는 것이었다. 그러나 지식이나 정보를 머리에 집어넣는 것만으로는 면 전문점을 개업할 수 없다. 그래서 다음으로 실기지도로서 과학에 기초한 디지털 쿠킹 및 방부제 미사용, 무화학조미료로 최고로 맛있고 안전한 면 요리의 조리법을 철저하게 주입시키기로 했다.

우동 학교는 설립한 지 14년이 지났는데, 개업해서 1년도 되지 않아 지역 내 1등 매장이 되는 등 많은 졸업생이 눈에 띄는 실적을 올려주고 있다. 그것도 역시 '인생의 시간 낭비를 없앤다.'는 콘셉트가 적중했기 때문이라고 생각한다.

그런데 면 학교의 운영 모체인 당사, 즉 야마토大和 제작소의 사명은 무엇일까? 바로 앞에서 소개한 '면 전문점 번성 지원 회사' '맛있는 일본의 면 문화를 전 세계에 퍼뜨린다' '인생의 성공 스토리 판매 회사'라는 세 가지다.

그리고 이 세 가지 사명을 실현하기 위한 콘셉트는 '실연實演 자가 제면 추진 회사', 즉 최고로 맛있고 또 방부제를 사용하지 않는 건강에 이로운 면, 안전한 면 만들기를 실연하면서 세상에 퍼뜨리는 회사, 그것이 당사의 콘셉트이자 사업의 본질이다.

당사에서 자가 제면의 실연을 고집하는 이유는 우선 첫째가 매장에 오시는 손님께 제면의 즐거움과 맛을 어필할 수 있다는 데 있다. 두 번째는 손님이 보고 있는 터라 제면에 실패해서는 안 된다고 생각하여 가만히 놔두어도 스스로 기술을 연마하려고 하며, 실패해도 된다고 게으름을 피우는 직원이 한 명도 없다는 효과가 있기 때문이다.

역시 누군가에게 보인다는 것, 주목받는다는 것은 인간을 성장시키는 데 큰 역할을 한다. 이것은 '마루가메 제면'의 성공을 보면 쉽게 이해할 수 있다고 생각한다.

이렇게 만들어진 면은 맛이 뛰어난 데다 방부제 등을 전혀 사용하지 않기 때문에 안심하고 먹을 수 있다. 그것만으로도 손님에게 만족감을 줄 수 있으므로 직원들에게 동기부여가 되지 않을 이유가 없다. 게다가 전 세계에 일본의 면 문화를 알리고, 사람들의 행복 증진에 공헌할 수 있다면 더할 나위 없이 좋을 것이다. 제면기 제조회사로서, 또 제면업자로서 이보다 더 기쁜 일은 없다.

당사에서는 면 학교 외에 '드림 스튜디오'라는 안전하고 맛있는 면을 만드는 방법을 마스터할 수 있는 장을 전국에 마련해놓고 있다. 드림 스튜디오의 콘셉트는 '꿈을 실현하는 장소'이다. 면 전문점의 성공을 위한 다양한 서비스를 제공하는 장이고, 면 전문점에 뜻을 두고 있는 고객의 꿈을 실현하는 것을 서포트하는 장이다.

드림 스튜디오의 모델은 '애플 스토어'이다. 애플 스토어도 단순히 애플의 제품, 서비스를 판매하는 장소가 아니라 고객의 문제를 해결해주기 위해 마련된 장소이다. 고객은 자신이 안고 있는 IT에 관한 문제를 해결하기 위해 애플 스토어를 찾는다.

당사의 드림 스튜디오도 애플 스토어와 마찬가지로 고객이 안고 있는 면, 수프, 면 전문점의 개업, 운영에 관한 문제를 해결하기 위한 장소이다.

'하카타잇푸도博多一風堂(일본 라면 전문점)'의 콘셉트도 훌륭한 예 중 하나다. 동사의 홈페이지에 의하면 하카타잇푸도의 콘셉트는 '라면 업계에 일련의 바람을 불러일으킨다.'는 것이다. 어떻게 일련의 바람을 불러일으켰을까?

동사의 홈페이지에서 인용한다.

하카타잇푸도가 세상에 첫 선을 보인 것은 1985년 10월 16일. '라면 업계에 일련의 바람을 불러일으킨다.'는 카운터 10석 밖에 안 되는 작은 가게 '잇푸도'의 가게 이름에 담긴 뜨거운 생각과 함께 제공되는 한 그릇의 라면은 '돼지뼈 라면'의 상식을 뒤엎었다.

점주인 가와하라 시게미가 만든 것은 돼지 냄새를 제거한 마일드한 맛의 돼지뼈 라면. 마치 목공 조각가의 아틀리에처럼 나무를 충분히 사용한 멋들어진 가게 인테리어는 구석구석 예쁘게 마감되어 있었다.

흐르는 BGM은 모던 재즈.

정성을 다하는 따뜻한 접객은 가게에 활기를 불어넣었다. 모든 것이 획기적이었던 가게는 그때까지 라면과는 무관했던 여성 손님들의 지지도 모으며 하카타의 라면 업계에 일련의 바람을 불러일으켰다.

하카타잇푸도는 29년 전의 하카타 라면 업계의 상식을 모두 뒤엎고, 새롭고 획기적인 매장과 상품과 서비스로 대성공을 거두었던 것이다.

콘셉트를 명확하게 하는 것은 회사와 가게의 비즈니스의 본질을 명확하게 하는 것으로 이어지고, 비즈니스를 조기에 성공시키는 원천이 된다. 다만 콘셉트의 재탕은 효과가 없다.

뛰어난 개성이 있는 독창적인 콘셉트를 어떻게 내세울 수 있느냐는 것도 사업이 성공하기 위한 중요한 요소라 할 수 있을 것이다.

Ⅱ

성공한 가게,
성공한 기업의 조건

회사의 단명화는 가속화하고 있다

2009년 2월 《닛케이 비즈니스》는 '기업 단명화의 충격～ 신 · 회사의 수명'이라는 특집을 마련하여 다음과 같은 기사를 실었다.

"1983년, 본지는 '회사의 수명(기업이 번영을 구가할 수 있는 기간)은 30년'이라고 주창했다. 그러나 그 후 시대는 급변했다. 글로벌화, 네트워크화가 진행되어 세계를 무대로 한 격렬한 경쟁시대에 돌입했다. 어느새 기업의 수명(번성기)은 30년은커녕 10년도 채 안 된다고 볼 수 있다. 지난번에는 총자산이나 매출액과 같은 규모의 크기를 기준으로 수명을 산출했다. 이번 특집에서는 시가총액이라는 시장에서의 평가 척도를 기준으로 회사의 수명을 조사하여 일본 기업은 약 7년, 미국 기업은 약 5년이라는 결과를 얻었다."

'기업의 수명 30년' 설이 발표되었을 때도 세상 사람들은 큰 충격을 받았지만 지금은 기업의 수명이 7년밖에 안 된다는 것이다.

이 기사를 접하고 나서 나는 기업의 수명에 흥미를 갖게 되었다. 그래서 조사해보다가 어느 책에서 다음과 같은 데이터를 발견하고 진심으로 놀랐다.

① 창업 10년 후의 생존율 6%

② 창업 20년 후의 생존율 4%

③ 창업 40년 후의 생존율 1%

그러나 신뢰할 만한 데이터인지, 조금은 확실하지 않았다. 그래서 이번엔 인터넷상에서 국세청이 발표한 조사 결과(2005년)를 알아보기로 했다. 그러자 거기엔 앞의 데이터보다 더 낮은 숫자가 쓰여 있었다.

① 설립 5년 후의 생존율은 15%

② 설립 10년 후의 생존율은 6.3%

③ 설립 20년 후의 생존율은 0.3%

④ 설립 30년 후의 생존율은 0.025%

특히 20년 이상된 기업의 생존율에는 많은 차이가 있었다. 가령 국세청의 조사가 정확하다면 설립 후 30년 이상된 회사는 1만 개의 회사 중 고작 2, 3개 사밖에 안 된다.

참고로 당사는 2014년 10월 24일에 39주년을 맞이했으니 동 시기에 창업한 1만 개 회사 중 살아남은 회사는 당사 외에 1, 2개 사밖에 안 된다는 말이다.

인터넷상에는 다양한 데이터가 있는데, 최신 데이터일수록 생존율이 내려가 있는 것을 보니 '기업의 수명은 7년'이라는 설도 충분히 수긍할 수 있다는 것을 알게 되었다.

그렇다면 기업의 수명이 왜 이렇게 짧아진 것일까? 그 이유를 나 나름대로 검증해보았다.

기업 단명화의 요인

① 새로 창업하는 사람들, 혹은 이미 창업한 사람들 대부분이 과거의 연장선상에서만 사고할 줄 알고, 이미 시작되고 있는 미래를 보지 않는다. 앞으로 일어날 미래를 보지 않고 이미 일어난 과거만을 보고 있다.

② 세상이 복잡한 방향으로 끊임없이 움직이고 있는 것을 이해하지 못한다. 복잡함은 점점 증대되어가고 있다. 따라서 1개 사에서 할 수 있는 것은 알고 있다. 타사와의 얼라이언스Alliance가 매우 중요해지고 있다.

③ 속도의 변화의 크기를 간과하고 있다. 생각 이상으로 변화는 가속화하고 있다.

④ 비즈니스의 본질을 깊이 이해하지 못한 채 비즈니스를 시작했다.

⑤ 적절할 때 적절한 행동을 취하지 않는다. 필요할 때 필요한 일을 하지 않는다. 항상 깊은 사고가 중요하다.

⑥ 눈앞의 손익을 우선시하고 미래의 번영을 생각하지 않는다.

⑦ 사업을 시작하는 방법을 이해하지 못하고 있다('드러커류, 신규 창업의 일곱 가지 마음가짐' 참조).

⑧ 사명, 콘셉트, 전략(2W 1H)을 명확하게 하지 않은 채 사업을 시작했다.

⑨ 과감히 위험을 감수하려고 하지 않고 위험으로부터 도망치려고 한다.

⑩ 고객에게 포커스가 맞춰져 있지 않다. 자신, 자사에 포커스를 맞추고 있다.

⑪ 1등을 목표로 하지 않는다.

⑫ 비전이 있는 것에 몰두하지 않는다(비저너리 컴퍼니).

⑬ 솔직하지 못하다. 플러스 발상을 할 수 없다. 배우는 것을 좋아하지 않는다.

⑭ 항상 타협하고, 일관성을 유지하지 못한다.

⑮ 항상 긍정적으로 하루하루를 보내지 못한다.

⑯ 기회를 잡지 못한다.

⑰ 속도를 중요시하지 않는다. 결정을 내리는 데 항상 뒤처진다.

⑱ 항상 큰 목표에 도전하지 않는다.

⑲ 강한 팀, 프로 집단을 키우지 않는다.

⑳ 얻고자 하는 결과를 얻기 위한 희생을 먼저 치르지 않는다.

㉑ 앞으로 일어날 문제가 점점 어려워지는 것을 이해하지 못한다.

㉒ 어떤 일에도 각오를 하고 임하지 않는다.

㉓ 성공하기 전에 포기한다.

㉔ 유연하지 않고 완고해져 있다.

㉕ 편안하고 안심할 수 있는 영역에서 나오려고 하지 않는다.

㉖ 매일 진화하겠다고 마음먹지 않는다.

㉗ 매일 혁신에 도전하지 않는다.

㉘ 자신의 영역에서 나오려고 하지 않는다.

㉙ 커뮤니케이션의 중요성을 이해하지 못한다.

㉚ 시간을 소중히 할 줄 모른다.

㉛ 역경을 기회로 바꿀 줄 모른다.

여기에 예로 든 것은 모두 수동적인 자세로 행하면 고통스러운 것들뿐이다. 그러나 적극적으로 도전한다면 그 순간에 고통이 쾌락으로 완전히 바뀔 것이다.

특히 처음에 지적한 '앞으로 펼칠 비즈니스는 과거의 연장선상에 있어서는 안 된다.'는 확실하게 이해하고 있기를 바란다. 기업가를 목표로 하는 한 매일이 도전의 연속이라고 각오해야만 한다.

열정이 솟지 않는
비즈니스는 해서는 안 된다

당사의 경영 팀이 매니지먼트의 교과서로 삼고 있는 책이 한 권 있다.

미국의 경영학자 짐 콜린스가 쓴 《좋은 기업을 넘어 위대한 기업으로》이다. 이 책에서 콜린스는 큰 성공을 거둔 미국 기업 14개 사의 사례를 소개하고 있다. 모두가 오랫동안 평범한 실적밖에 올리지 못하다가 어느 시점(《좋은 기업을 넘어 위대한 기업으로》에서 말하는 필요 요건을 충족시킨 시점)부터 비약적으로 성장한 기업이다.

한편 콜린스는 어느 시점까지는 똑같이 성장했지만 최종적으로 쇠퇴한 같은 업계의 다른 기업을 예로 들어 성장해가는 기업과 쇠퇴해가는 기업의 차이를 철저하게 비교·검토하고 있다.

그 차이가 생긴 원인을 설명하는 데 있어서 콜린스가 사용한 개념 중에 '고슴도치 개념'이라는 것이 있다.

인간을 여우와 고슴도치에 비유하여 여우는 머리가 좋기 때문에 한 번에 몇 가지 목표를 동시에 추구하고, 복잡한 세계를 복잡한 것으로 이해한다. 힘을 분산시켜서 몇 가지 행동을 일으키고 전체적인 개념이나 통일된 비전에 생각을 모으려고는 하지 않는다.

반대로 고슴도치는 복잡한 세계를 하나의 계통으로 생각한다. 기본 원리, 기본 개념에 따라 단순화하고 모든 행동을 결정한다.

요컨대 모든 과제, 난제에 대해 지나치다 싶을 정도로 단순한 고슴도치 개념에 포커스를 맞춰 행동하는 것이다. 고슴도치 개념은 과제의 본질을 꿰뚫어보는 힘을 갖고 있기 때문에 복잡함 속에 있는 기본적인 패턴을 파악할 수 있고, 본질 외의 것을 무시한다.

고슴도치 개념은 아래의 세 가지 영역(원)으로 나타낼 수 있다.

1. 자사가 세계 최고가 될 수 있는 부분은 어디인지, 동시에 세계 최고가 될 수 없는 부분은 어디인지를 명확하게 한다. 되고 싶은 부분도, 되면 좋은 부분도 아니다. 실제로 될 수 있느냐가 문제이고, 만약 될 수 없는 것이라면 업종을 바꿀 필요가 있다. 세계 최고가 될 수 있는 부분을 추구하지 않으면 성공하지 못한다. 따라서 타고난 능력에 가장 맞는 일이고, 그 능력을 살려서 세계에서도 얼마 안 되는 힘을 발휘할 수 있는 것이다('자신은 이 일을 하기 위해 태어난 것이다.'라고 생각하는 일이다).

2. 경제적 원동력이 되는 것이 무엇인지를 명확하게 해야 한다. 캐시플로와 이익을 지속적이면서 대량으로 낳는 가장 효율적인 방법을 간파하고, 재무실적에 최대한 영향을 주는 분모를 하나만 찾아내서 '○○당 이익'이라는 형태로 목표를 설정한다. 요컨대 이 일로 충분한 보수를 받을 수 있는 것이다('이런 즐거운 일을 해서 이렇게 돈을 벌 수 있다니 꿈만 같다.'라고 생각하는 일이다).

(참고 사례) 드러그스토어 '월그린'은 1점포당 이익 등, 업계에서 통상적으로 사용되고 있는 재무지표를 버리고, 내점 고객 1인당 이익에 초점을 맞추게 되었다. 그 결과 편리성이 있는 입지에 출점하면 비용은 높아지지만 내점 고객 1인당 이익에 초점을 맞췄기 때문에 반경 1마일당 9곳의 점포를 세우는 동안 고객에 대한 편리성을 높이는 것과 동시에 체인점 전체의 수익성을 높일 수 있었다. 1점포당 이익을 중시하면 편리성이라는 개념과 모순된다(1점포당 이익을 늘리기 위해서는 점포수를 줄이고 저비용으로 출점할 수 있는 점포로 점점 좁혀가는 것이 가장 간단한 방법이지만, 이 방법으로는 편리성이라는 개념을 파괴하게 된다. 많은 일본의 외식 체인점이 빠져 있는 함정이 이 부분이기도 하다).

요컨대 '분모로 무엇을 선택하겠는가?'라는 물음에 대답하기 위해서는 자사의 경제적 원동력을 강화시키는 비결을 깊이 이해하지 않으면 안 된다. 이 물음에 답함으로써 자사의 사업에 대한 이해가 깊어진다. '하나의 분모를 선택해야 하기 때문에 선택한다.'가 아니다. 자사의 사업을 깊이 이해하여 사업의 경제성을 더욱 굳건히 하고 그 경제성이 지속될 수 있도록 하는 것이 목표다.

3. 열정을 갖고 몰입할 수 있는 것을 명확하게 한다. 위대한 기업은 열정을 불러일으킬 수 있는 사업에 초점을 맞추고 있다. 어떻게 하면 열정을 자극할 수 있느냐가 아니라 '어떤 사업이면 열정을 가질 수 있느냐'를 명확하게 하는 것이다. 요컨대 자기 일에 열정을 갖고 있고, 일을 너무나 좋아하고, 일하는 것 자체가 즐거운 것이다(매일 아침 잠에서 깨어 일하러 나가는 것이 즐겁고, 자기 일에 긍지를 갖고 있는 것이다).

열정은 만들어낼 수 있는 것이 아니다. 동기부여에 의해 열정을 느낄 수 있도록 종업원을 이끌 수는 없다. 자신이 열정을 갖는 일, 주위 사람들이 열정을 갖는 일을 찾아내는 것밖에는 할 수 없다.

위대한 도약을 이룬 기업은 "회사의 사업에 모두가 열정을 기울이도록 하라."고 호소한 것이 아니라 정반대의 현명한 방법을 취했다. 즉, 자신들이 열정을 불태울 수 있는 것에만 집중하는 방침을 세웠던 것이다.

따라서 첫 단계에서 열정을 가진 적절한 인재를 선발하는 것이 가장 우선시되는 조건이다.

이상의 세 가지 영역(원)을 각각 한 부분이 겹치도록 조합하여 세 개의 원이 겹친 부분의 비즈니스만 해야 한다. 이것이 고슴도치 개념이다.

미국에서 대성공한 14개 사는 엄격한 규율 아래 세 개의 원이 교차된 부분에만 초점을 맞추고, 한눈파는 일도 없이 단순한 것에 집중했다.

고슴도치 개념은 최고를 목표로 하는 것이 아닐 뿐만 아니라 최고가 되기 위한 전략, 의지, 계획도 아니고, '최고가 될 수 있는 부분은 어디인가?'에 대한 이해이다.

열정을 갖고 세계 최고가 되어 수익을 올리는 부분에 집중해야 한다.

위대한 기업으로 도약하기 위해서는 갖고 있는 능력에 얽매여서는 안 된다.

무언가를 잘할 수 있으니까가 아니라, 지금 이익을 올리며 성장하고 있다고 해도 그것으로 최고가 될 수 있다고는 단정할 수 없다고 판단하는 엄격한 기준을 갖지 않으면 안 된다.

어디에도 지지 않는 사업이 될 수 있는 부분에만 엄격한 규율을 갖고 집중하는 것이 위대한 기업으로 가는 유일한 길이다.

이상과 같이 단순한 고슴도치 개념에 초점을 맞춰서 엄격한 규율을 갖고 실천한 기업만이 평범한 기업에서 위대한 기업으로 변신할 수 있다고 《좋은 기업을 넘어 위대한 기업으로》에서는 설명하고 있다.

열정은 뜨거운 마음이다.

첫사랑이라든가 열렬한 연애를 떠올려보자. 그러한 마음 상태로 매일 일에 몰두할 수 있다면 얼마나 멋질까? 정말로 멋진 성과를 얻을 수 있을지도 모른다.

월트 디즈니가 거대한 엔터테인먼트 시설을 만든 것도, 스티브 잡스가 위업을 완수한 것도, 미국이 인류를 달에 보낼 수 있었던 것도, 모두 사람들이 갖고 있던 열정이 에너지원이다.

열정은 어떤 일을 완수하기 위한 연료다. 연료가 떨어진 자동차는 달릴 수 없는 것과 마찬가지로 열정이 없는 비즈니스는 성과가 오르지 않는다.

사업을 시작할 때 "돈을 벌 것 같으니까 시작하자."며 사업에 덤벼드는 사람들이 있다. 당사의 면 학교에 입학하는 학생들 중에서도 그런 사람들을 볼 수 있다. "우동 가게는 쉽게 돈을 벌 수 있을 것 같으니까 시작해보자."는 사람들이다.

그러나 이것은 절대로 해서는 안 되는 행동이다.

열정이 없는 일에 덤벼들었다가 만약 처음에 생각했던 것처럼 잘되지 않고 처참한 상태가 되거나 하면 쉽게 포기하고 항복해버린다.

열정이 있으면 아무리 어려운 문제가 닥쳐도 참고 이겨낼 수 있다.

열정이 있었기 때문에 당사도 39주년을 맞이할 수 있었다.

사업을 하는 데 있어서 열정은 빼놓을 수 없는 것이다.

그리고 열정이 있으면 일은 놀이가 된다. 일은 인생을 즐기기 위한 도구이고, 자신을 성장시켜주기 위한 도구이다.

열정을 갖고 있는 일로 인생을 한껏 즐겨보자.

드러커류,
신규 창업의 일곱 가지 마음가짐

피터 드러커는 사업을 새로 시작할 때의 일곱 가지 마음가짐을 다음과 같이 설명하고 있다.

① 작게 시작한다.

② 심플하게 시작한다. 단, 크게 차별화한다.

③ 어떤 일이 있어도 최고를 목표로 한다.

④ 예기치 못한 손님이 진짜 손님(당초 예상한 손님이 아닌 손님).

⑤ 현금이 중요(항상 여유자금을 확보해둔다).

⑥ 강한 팀 편성.

⑦ 훌륭한 상담 상대를 둔다.

조금 해설을 덧붙여보자.

우선 첫 번째 '작게 시작한다'는 위험을 감수하지 말라는 말이 아니다. 어떤 비즈니스든, 비즈니스에는 반드시 위험이 따르게 마련이다. 위험을 감수하고 싶지 않으면 비즈니스 자체를 시작하지 말아야 한다.

작게 시작하는 것은 '규모를 작게 하여 가능한 한 위험을 줄인다.'는 뜻이다. 그러나 처음부터 지는 싸움이라는 것을 알 수 있을 정도로 너무 작게 시작하는 방법은 피해야 한다. 다음 단계로 발돋움할 수 있을 만큼의 규모는 최소한 필요하다. 그리고 초기 단계에서 작은 실패를 많이 경험하고, 시행착오를 되풀이하고, 성공 노하우를 많이 축적하는 것이 중요하다.

두 번째의 '심플하게 시작하기' 위해서는 꼼꼼한 준비가 필요하다. 초기 단계에서의 실패는 그 대부분이 준비 부족 때문이다. 그렇지 않으면 처음부터 비즈니스 모델이 잘못되었거나……. 어쨌든 원인은 둘 중 하나다.

"어떻게 복잡하게 준비해서 어떻게 심플하게 시작할 수 있는가." 이 말에 성공의 열쇠가 있다. 또 고객의 문제를 해결하는 데 도움이 되는 비즈니스라는 것을 고객이 알아줄 수 있는 어떤 장치나 궁리도 필요하다.

애플 제품을 보면 사용법은 무척 심플하지만 내용물은 매우 복잡하게 되어 있는 것을 알 수 있다. 즉, 고객 측은 심플, 자기들은 복잡하게 한다는 것이다.

그만큼의 준비를 해도 계획대로 된다고는 단언할 수 없다. 오히려 당초의 전망과 결과가 너무 차이가 나서 실망하는 경우가 대부분이다. 따라서 고객의 반응이나 성과를 보면서 비즈니스를 계속 수정해가는 것 또한 중요한 테마가 된다.

그리고 '크게 차별화한다'에 대해서는 다음 장에서 상세히 설명하겠다.

세 번째 '어떤 일이 있어도 최고를 목표로 한다', 이것에 대한 해설은 필요하지 않을지도 모른다. 하지만 굳이 두세 마디 덧붙이자면 최고를 목표로 하여 사업을 시작하는 것과 그렇지 않은 경우를 비교하면 시간의 경과와 함께 확연한 차이가 난다. 업계의 서열, 순위가 굳어져 있는 것처럼 보이는 경우도 반드시 최고를 목표로 한다. 아무리 장벽이 높아도 사업을 시작했다면 최고를 목표로 해야 한다.

왜냐하면 최고가 되면 다음과 같은 다양한 메리트를 얻을 수 있기 때문이다.

① 가격이라든가 기준을 정하기 쉬워진다(2위 이하는 1위를 따라갈 수밖에 없어진다).

② 일이 쉬워진다(매입처의 주목을 모아 양질의 상품을 저렴하게 구입할 수 있을 뿐만 아니라 좋은 인재를 모으기가 쉬워진다).

③ 좋은 손님이 모이기 시작한다(손님의 신뢰가 늘어나기 시작한다).

④ 좋은 정보, 필요한 정보가 모이게 된다(좋은 정보가 1순위로 모인다).

⑤ 일의 기준이 높아진다("이것이 1위 기업의 일인가!"라는 대사가 곳

곳에서 튀어나오면서 자연스럽게 일의 질이 높아진다).

⑥ 직원들에게 자신감과 긍지가 생긴다("드디어 노력한 것을 보상받았다.").

⑦ 브랜드 가치가 올라간다(비즈니스 활동은 브랜드 가치를 지속적으로 높이는 활동).

⑧ 주위 사람들의 시선이 달라진다(시계가 좋아지고, 지금까지 볼 수 없었던 것이 보이기 시작한다).

⑨ 이익을 내기 쉬워진다(다양한 상승효과의 결과).

⑩ 노력과 성과, 행동과 성과의 비율이 달라진다(같은 행동을 해도 성과를 올리기 쉬워진다).

이러한 메리트를 얻을 수 있는 것은 1위 기업밖에 없고 2위 이하는 기껏해야 떡고물이나 얻는 정도다. 니치톱Niche-Top(규모가 작은 틈새시장에서 압도적인 점유율을 자랑하는 기업-옮긴이)이라도 상관없으니까 어쨌든 최고를 목표로 삼아야 한다.

네 번째인 '예기치 못한 손님이 진짜 손님'. 이것에 대해서는 사업을 시작해보면 당초 예상했던 손님과는 다른 손님이 찾아오는 경우가 종종 있고, 그 손님에 의해 사업이 이루어지는 경우가 있다.

설계업으로 창업한 나도 나중에 제면기의 제조·판매로 사업을 전환했다. 당초 예상한 고객과 오랫동안 사업을 지탱해준 고객이 전혀 다르다.

동시에 가장 중요한 것은 열광적인 팬 고객을 한 명이라도 더 많이 만드는 것이다. 열광적인 팬 고객이 1,000명만 돼도 성공한 것이나 다름없다. 1,000명의 팬 고객이 영업자나 홍보맨이 되어주기 때문에 좀 더 큰 목표를 향해 돌진할 수 있다.

다섯 번째인 '현금이 중요'. 이것은 사업을 막 시작한 사람에겐 실감하기 어려운 이야기일지도 모른다.

사업이 기우는 원인으로는 대략 다음의 네 가지를 생각할 수 있다.

① 고객이 없어진다.
② 상품이 팔리지 않는다.
③ 종업원이 없어진다.
④ 현금이 없어진다.

어느 것이나 심각한 문제다. 그러나 현금만 있으면 ①~③의 사태가 벌어져도 어떻게든 버티다 부활할 수 있다. 그런데 ④의 사태가 벌어지면 사업을 계속할 수 없게 된다. 따라서 최고경영자는 늘 캐시플로에 눈을 번뜩이고 있어야 한다.

여섯 번째는 '강한 팀 편성'. 비즈니스의 성패를 가르는 요소는 사람이고, 비즈니스의 성패는 하나부터 열까지 사람에 달려 있다. 그러므로《좋은 기업을 넘어 위대한 기업으로》에도 나와 있듯이 '목적지를 결정하는 것보다 적절한 인선이 먼저'가 된다.

단, 인선에 성공하여 우수한 인재를 확보했다고 해도 그것만으로는 강한 팀이 되지 않는다. 명심해야 할 것은 '어떻게 팀의 벡터Vector를 모으고, 목표를 공유하는가.'이다. 이것에 성공하면 가만히 놔두어도 강한 팀으로 성장할 것이다.

팀을 편성할 때는 개개인의 강점에 주목하고, 다양한 강점을 지닌 인재로 구성된 혼성팀을 편성하여 각자 자신의 강점을 120% 발휘할 수 있도록 리드하면 파워가 넘치는 회사로 변신할 것이다.

일곱 번째인 '훌륭한 상담 상대를 둔다'도 중요하다. 경영자는 고독하다. 오른쪽으로 가야 할지, 왼쪽으로 가야 할지 끊임없이 결단에 쫓기는 것이 경영자다. 그런 경영자에게 있어서 훌륭한 상담 상대는 사막의 오아시스 같은 존재. 때로는 치유를 받고, 때로는 용기를 얻고, 때로는 힘을 받을 수 있다. 그만큼 훌륭한 상담 상대가 자신의 곁에 있는 것은 누구나 바라는 바다.

그렇다면 훌륭한 상담 상대란 어떤 사람일까? 드러커는 다음과 같은 다섯 가지 요건을 들고 있다.

① 솔직하고, 정의감이 강하고, 착한 사람.
② 잘못을 확실하게 지적해주는 사람.
③ 눈앞의 손익에 얽매이지 않는 넓은 마음을 지닌 사람.
④ 긍정적인 사람(부정적인 사람은 절대로 가까이 하지 말 것).
⑤ 자신보다 더 자신을 걱정해주는 사람.

경쟁변수를 늘리면
소(小)가 대(大)를 이길 수 있다

라면 업계는 경쟁변수(차별화 요인)가 많기 때문에 지금도 매우 활성화되어 있고, 건강한 업계다. 한편, 우동 · 메밀국수 업계는 경쟁변수가 적기 때문에 라면 업계만큼 활성화되어 있지 않다. 따라서 우동 · 메밀국수 업계를 좀 더 활성화시키는 것은 간단하다. 라면 업계를 본받아서 경쟁변수를 늘려 복잡하게 만들거나, 뛰어난 개성으로 승부하면 된다.

라면은 경쟁변수가 매우 많은 음식이다. 우선 면의 다양성은 헤아릴 수 없을 정도다. 소맥분은 그 종류가 수백 가지나 되고, 가수(加水)에 의해서도 면의 질은 완전히 달라진다. 게다가 면을 만드는 방법도 여러 가지가 있다. 면 사이즈도 굵은 것부터 가는 것까지, 또 면의 단면 모양도 둥근 면, 평평한 면, 직사각형 면 등등의 모양이 있고, 그것에 따라서 면 종류도 늘어난다.

수프의 재료도 돼지뼈, 닭뼈, 소뼈, 생선가시, 채소류 등으로 종류가 많고, 무수한 밑국물, 무수한 향미유가 있다. 더불어 토핑 종류도 무수하게 있다. 요컨대 라면은 차별화 변수가 너무 많다 싶을 정도로 많다.

그런데 우동과 메밀국수는 다시물이 멸치와 다시마, 가다랑어포와 같은 해산물 계통뿐이라 라면과 비교하면 아주 단순하다. 어디서 먹어도 맛에 큰 차이가 없거나, 개성적인 맛을 내려고 해도 한계가 있는 것은 그 때문이다. 따라서 우동과 메밀국수의 다시물도 라면 이상으로 복잡하게 만들어서 경쟁변수를 늘릴 수 있다면 틀림없이 업계가 더욱 활성화할 것이다.

그리고 그 결과는 대기업의 참여가 어려워진다.

경쟁변수가 많은 업계에서는 규모가 커지면 이익이 줄어든다(보스턴 컨설팅 그룹의 어드밴티지 매트릭스 개념으로부터).

라면 업계도 지금처럼 경쟁변수가 많지 않고 복잡하지 않았을 때는 전국적으로 체인망을 갖춘 삿포로 라면과 같은 프랜차이즈 본부가 위세를 떨쳤다. 그런데 면을 장국에 찍어 먹는 쓰케멘을 비롯해서 다종다양한 라면이 등장하게 되자 한 가지 패턴으로 체인점을 운영하던 기업은 그 모습을 감추기 시작했다. 경쟁변수가 늘어나서 복잡해지면 복잡해질수록 한 가지 패턴으로 체인점을 운영하는 대기업은 혹독한 상황에 처할 수밖에 없다. 작은 변수에 개별적으로 대응할 수가 없기 때문이다.

우동·메밀국수 업계도 이와 똑같다. 경쟁변수가 많아서 재료나 맛을 복잡하게 하면 이 업계에서 대형 체인점을 솎아낼 수 있다. 이 것은 업계의 거의 모든 사람이 아직 깨닫지 못한 재미있는 시점이다.

그 결과 소비자도 다양한 맛을 즐길 수 있는 좋은 기회를 갖게 된다.

반대로 경쟁변수가 극단적으로 적어서 차별화할 수 없게 되면 어 떻게 될까? 틀림없이 대기업에 의한 대규모형 비즈니스가 될 것이 다. 그 좋은 예가 규동(쇠고기덮밥) 업계와 햄버거 업계다.

규동 업계는 대기업 3개 사(스키야, 요시노야, 마쓰야)에서 93%의 점유율을 차지하고 있고, 햄버거 업계는 대기업 3개 사(맥도날드, 모 스버거, 롯데리아)에서 90%의 점유율을 차지하고 있다. 이처럼 시장 이 과점된 결과 소비자의 선택지는 좁아지고, 다양성과는 동떨어진 아무 재미도 없는 업계가 되어버린 것이다.

그런데 그런 햄버거 업계에도 전국에 딱 한 군데 딴 세상이 있다. 홋카이도의 하코다테函館이다.

인구 약 28만 명의 하코다테는 저출산·고령화가 진행된 전형적 인 지방 도시로 모스버거 매장이 두 곳, 맥도날드 매장이 세 곳밖에 없다. 그런데 그 지방의 햄버거 업체인 '럭키 피에로'는 무려 열여섯 곳의 매장이 있고, 모두 장사가 매우 잘되고 있다. 하코다테에서는 천하의 맥도날드나 모스버거도 형편없는 매출로 전혀 맥을 못 추고 있고, 럭키 피에로가 독식하고 있는 상황이다.

1인 창업에서 기업 경영으로

럭키 피에로는 모든 점포가 각각 내장과 외장을 다르게 하고 있고, 상품력, 서비스력, 점포력 등 모든 면에 있어서 경쟁변수를 늘려 차별화된 뛰어난 개성으로 승부하고 있다. 상대가 거대한 코끼리라도 싸우는 방법에 따라서는 충분히 이길 수 있다는 것을 가르쳐주고 있는 것이 럭키 피에로이다.

뛰어난 개성에 의한 차별화로 성공하고 있는 회사는 그 외에도 많다. 특히 라면 업계는 다사제제多士濟濟한데 유명한 곳만 예로 들어도 '라멘니로' '하카타잇푸도' '이치란' '로쿠린샤' '신자' 등등, 끝이 없을 정도로 많다. 게다가 모두가 누구한테도 뒤지지 않는 개성파들이 모여 있어서 라면 업계가 활기를 띄는 것은 당연하다.

소비자의 입장에서 보면 다양성이 풍부하면 풍부할수록 매력적인 업계가 된다. 미국 각지에 있는 그 지역의 개성적인 팬케이크 레스토랑과 같은 것이다.

우동 · 메밀국수 업계를 활성화하는 비결은 선택지가 많고, 다양성이 풍부한 재미있는 업계로 만드는 것이다.

그러기 위해서는 장사가 잘되는 가게나 대형 체인점을 흉내 내서는 안 된다. 그런 매장을 흉내 내면 이미 브랜드가 된 대형 체인점을 더욱 활성화시키는 데 도움만 줄 뿐이다. 비슷한 가게가 생기면 아무것도 모르는 손님들의 눈에는 '또 유명 브랜드의 체인점이 늘었다.'는 정도로밖에 비치지 않는다.

신규 고객을 많이 끌어 모으는 것이 업계를 활성화시키는 큰 원동력이 되는 것이다. 개성이 넘치는 우동 가게, 메밀국수 가게가 늘어나면 침체되어 있는 우동·메밀국수 업계도 재미있고 즐거운 업계로 크게 탈바꿈할 것이다.

마지막으로 하카타잇푸도를 다시 예로 들어서 성공 원인을 알아보고자 한다. 앞에서도 말했듯이 하카타잇푸도라는 이름은 정말로 잘 지었다. 이것도 성공의 한 원인이 되었는지도 모른다. 그러나 하카타잇푸도는 네이밍에만 신경 쓴 것이 아니라 29년쯤 전에 아래와 같은 차별화를 하여(경쟁변수를 늘려서) 개점했다.

① 지금까지의 하카타 돈코츠라멘처럼 냄새가 나지 않는 수프.
② 나무를 충분히 사용한 멋진 인테리어.
③ 모던재즈 BGM.
④ 마음이 전해지는 따뜻한 접객.
⑤ 무엇이든지 획기적인 가게 만들기.

29년쯤 전의 하카타에는 위와 같은 가게는 전례가 없었다.

이처럼 경쟁변수를 늘리는 것은 상품력에만 한정된 것이 아니다. 점포력, 서비스력도 포함한 모든 면에서 경쟁변수를 늘려야만 된다.

경쟁변수를 늘리면 늘릴수록 대형 체인점은 대항할 수 없게 된다. 그 훌륭한 성공사례가 앞에서 말한 하코다테에 있으니까(럭키 피에로), 관심이 있는 분은 직접 찾아가서 확인해보길 바란다.

1인 창업에서 기업 경영으로

뛰어난 개성으로 승부한다

나는 매월 두 차례에 걸쳐 면 학교에서 경영 강의를 하고 있다. 그때 학생들에게서 받는 질문 중 비교적 많은 것이 "앞으로 일본의 경기와 우동·메밀국수 시장의 실적은 어떻게 되겠습니까?"라는 것이다.

내가 강의 때 쓰고 있는 교과서 《불황에도 장사가 잘되는 라면·우동·메밀국수 가게의 교과서》에서는 우동·메밀국수 시장은 세상이 불황에 시달릴 때일수록 실적이 좋다고 설명하고 있다. 실제로 우동·메밀국수 가게 전체의 시장규모는 과거 16년간 절대 내려가지 않고 거의 보합상태가 지속되고 있다.

단지, 시장규모는 축소되지 않았지만 개성이 부족한 옛날 그대로의 평범한 우동 가게, 메밀국수 가게는 점점 매상이 떨어지면서 업계에서 사라져가고 있다. 한편, 살아남은 면 전문점을 보면 경쟁변수를 늘려서 복잡한 비즈니스 모델을 구축한 곳이 많다.

비즈니스는 복잡해질수록 대기업의 참여가 어려워지고, 과점화는 진행되지 않는다. 반대로 과점화가 진행된 업계는 점점 표준화·단순화되어 간다. 그렇기 때문에 소비자의 입장에서 봐도 재미가 없고 업계의 활성화도 낮아져서 개인 가게가 살아남지 못하는 업계가 되어버린다.

그렇기에 더욱 뛰어난 개성을 발휘하여 즐거운 업계—고객에게도 즐거운 업계, 일하는 사람들에게도 즐거운 업계, 관계하고 있는 모든 사람들에게도 즐거운 업계—로 만들어야 한다.

그렇게 뛰어난 개성을 전면에 내세워서 성공을 거둔 가게는 많다.

우동 가게 중에는 '츠루톤탄' '라쿠라쿠 우동' '야마모토 멘조' 등등. 인기를 모으고 있는 가게는 모두 뛰어난 개성을 발휘하고 있다. 우동 가게는 아니지만 우동 가게 이상으로 우동으로 성공한 '카페 나카노야'도 뛰어난 개성을 발휘하고 있다.

라면 가게 중에서 '나의 라면 앗파레야'는 가게 이름에서부터 개성이 톡톡 튄다. 앞에서도 말한 '라멘니로'도 '하카타잇푸도'도 '이치란'도 뛰어난 개성파들이다. '라이라이테이'는 서비스적인 측면에서 뛰어난 개성을 발휘하고 있다.

이렇게 살펴보면 성공한 가게, 장사가 잘되는 가게는 어떤 식으로든 독특한 개성을 발휘하고 있다는 것을 잘 알 수 있다.

독특한 개성의 발휘야말로 개인 가게가 대형 가게에 지지 않는 강점이고, 비즈니스는 독특한 개성으로 승부해야 한다. 인간도 마찬가지로 앞으로의 시대는 독특한 개성의 발휘가 요구되고 있다. 평균점주의는 학창시절엔 통용되지만 사회에서는 도움은커녕 해만 될 뿐이다.

2013년 5월 나는 북미 3대 도시를 돌아보는 외식 시찰 여행을 떠났다.

그때는 북미 3대 도시에서 성공한 레스토랑과 활기를 잃고 쇠퇴해가는 레스토랑을 수십 군데 돌아보았다. 성공과 실패, 융성과 쇠퇴의 차이와 원인을 찾기 위해서였는데, 그 결과 아래의 다섯 가지 요소가 그 차이를 나누는 좌표축으로 떠올랐다.

① 뛰어난 개성으로 다른 레스토랑과 차별화되어 있는가? 강한 개성이 있는가?
② 우직할 정도로 기본에 충실한가?
③ 레스토랑이 즐겁고 편안한 장소인가?
④ 모든 레벨에서 95점 이상인가?
⑤ 모든 것에서 콘셉트와의 일관성이 있는가?

①에 대해서는 일본과 미국을 비교하며 느낀 것은 일본의 몰개성, 개성을 발휘하는 데 겁을 내는 일본의 국민성이다. 그것은 일본이 지금까지 모든 것에 있어서 규격품을 만드는 데 힘써왔던 것과 깊은 관계가 있다고 생각한다. 학교교육부터 평균점주의로 규격 외의 것

은 늘 배척당하는 구조로 되어 있다. 슈퍼마켓에서 파는 오이 같은 채소도 구부러져 있는 건 모두 외면당한다.

채소가 공산품이라면 이야기는 다르지만 농작물인 이상 규격에서 벗어나는 것은 당연하다. 인간도 공산품이 아니기 때문에 규격에서 벗어난 인간이 있는 것은 당연하지만, 학교도 기업도 억지로 틀에 넣어서 규격에 맞는 인간을 만들려고 해왔다. 요즘 자립하지 못하는 사람이 늘어난 원인이 거기에 있는 것은 아닐까 싶다.

②의 '기본에 충실'이란 첫 번째로 음식 비즈니스의 기본 중의 기본인 QSC(상품력, 서비스력, 위생)를 얼마나 철저하게 지키고 있느냐를 묻고 있다. 그 다음으로 V(가치, 비용·퍼포먼스), 다음으로 E(엔터테인먼트, 즐거움의 연출)가 된다. 즉 'QSC＋V＋E의 철저함＝기본에 충실'이라는 도식이 되는 것이다.

이 기본을 우직할 정도로 일관성을 갖고 추구하는 것이 중요하다.

미국에서는 오랫동안 번창하고 있는 레스토랑일수록 전체 레벨이 매우 높다는 것을 느꼈다. 특징적이었던 것은 최근 들어 자주 언급되고 있는 '음식 비즈니스＝요리×아트×사이언스×유머×철학'이 일관되게 지켜지고 있다는 것이다.

③에 대해서 말하면 장사가 잘되고 있는 레스토랑은 그 안에 있는 것만으로도 즐거웠다. 레스토랑에 들어간 순간 '이 레스토랑은 다르다.'는 것을 즉각 알 수 있을 정도로 분위기가 전혀 달랐던 것이다.

손님은 즐거운 장소, 편안한 장소를 찾게 마련이다. 특히 '디너'는 즐겁게 해주는 가게, 편안한 가게가 아니면 가지 않는다. 미국은 팁 문화가 정착된 사회이기 때문에 요리가 맛있고 즐길 수 있는 장소가 아니면 팁을 주면서까지 디너를 하러 가려고 하지 않는다.

미국의 레스토랑은 손님을 즐겁게 해주기 위한 다양한 궁리를 하고 있다. 웨이터, 웨이트리스가 농담을 던지거나 태연하게 손님을 놀리곤 하는 것도 손님을 즐겁게 해주려는 서비스 정신이 있기 때문이다.

④에 대해서도 성공한 가게일수록 레벨이 높았다. 무엇을 주문해 도 프로로서 완성도가 높은, 부끄럽지 않은 상품이 나왔고, 서비스 역시 하이레벨이었다.

여러 가게를 돌아보았는데, 영어가 서툰 우리에게도 정중하게 대 해주는 가게와 그렇지 않은 가게가 있었다. '인생의 소중한 한때를 즐겁게 보내게 해드리고 싶다.'고 노력을 아끼지 않는 웨이터, 웨이 트리스와 그렇지 않은 웨이터, 웨이트리스의 차이는 매우 커서 식사 를 하면서 느낄 수 있는 즐거움이 현저히 달랐다.

마지막 ⑤에 대해서는 상당한 충격을 받았다. 미국의 레스토랑은 '콘셉트의 일관성이 없는 가게는 존재할 수 없다.'는 생각이 들 정도 로 콘셉트를 중요하게 생각하고 있었다.

콘셉트란 비즈니스의 본질이다. 바꿔 말하면 '자기 가게의 강점을 파고 들어간 곳', 그것이 콘셉트이다. 필시 그것을 120% 인식하고 있 는 것이리라. 실제로, 할 수 있는 한 최대한 자기 가게의 강점을 표현 하고 있는 레스토랑이 여기저기에서 눈에 띄었다.

예를 들면 문을 연 순간 마피아의 소굴에 발을 들여놓은 것은 아닌가 하고 착각할 정도로 분위기를 만들어놓은 레스토랑이 있었다. 게다가 우리를 맞아준 웨이터가 영화 〈대부〉에 나온 사람처럼 험상궂은 아저씨여서 마치 마피아의 소굴에서 식사를 하고 있는 듯한 기분이었다. 필시 이탈리안 마피아를 콘셉트로 한 것일 텐데, 그것을 모르고 들어간 우리도 충분히 즐길 수 있었다.

미국의 레스토랑은 대개 손님을 즐겁게 해주는 것에 열심히 초점을 맞추고 있는 것처럼 보인다. 게다가 일부러 뛰어난 개성을 앞세워서 과감하게 밀고 들어온다.

반대로 일본의 현상現狀을 보면 남의 가게를 지나치게 똑같이 흉내내는 가게가 너무 많다. 우동 가게를 오픈할 때도 어디에서나 볼 수 있는, 아무런 특징도 없는 가게를 내려고 할 뿐이다. 몰개성이 일본 레스토랑의 특징으로 여겨질 정도다. 학교교육에서 물든 평균점주의가 그렇게 만들고 있는 것인지도 모른다.

당사의 면 학교에서는 지금까지 계속 "평균점주의 같은 건 갖다 버려라. 소小가 대大를 먹기 위해서는 뛰어난 개성으로 승부할 수밖에 없다."고 가르쳐 왔는데, 이번 시찰에서 그것이 옳았다는 것을 재확인할 수 있었다.

단지 개성을 발휘한다는 것은 '뭔가 기발한 일을 한다.'는 것과는 다르고, 자신의 강점을 최대한으로 활용한 개성이다. 상품 만들기나 서비스 등 비즈니스의 기본 부분은 당연한 것을 당연하도록 우직하게 해나가는 것이 중요하다.

어떤 사업을 하든 고객을 행복하게 해주는 것은 결과적으로 자신을 행복하게 하는 것과 직결된다. 미국의 비즈니스 사회를 보면 좀 더 강하게 그런 생각이 든다.

그리고 우리 자신도 '자신의 강점이나 개성을 더 많이 찾아내서 그것을 갈고닦아 성장시키면 그때까지의 자신과는 전혀 다른 자신이 될 수 있다.'고 생각한다. 그것이 인생, 비즈니스를 성공으로 이끌어 주는 지름길이 아닐까?

고품질을 지향하고
강한 라이벌과는 경쟁하지 않는다

당사는 연중 내내 이벤트를 벌이고 있는데, 각지의 '드림 스튜디오'에서는 매년 다양한 이벤트가 개최되고 있다.

이벤트의 일부인 경영 세미나는 직원들이 세미나의 타이틀을 생각하고 나는 그 타이틀에 맞춰 기획서를 작성하고 세미나를 진행하는 형식으로 이루어진다.

그중 하나가 '소(개인 가게)가 대(체인점)를 이기는 경영'이었다. 그 세미나에서 내가 강조한 것은 '철저하게 고품질을 지향하고 강한 라이벌과는 경쟁하지 않는다.'는 것이었다.

일반적으로 비즈니스상의 경쟁인 경우 개인 가게보다 체인점 쪽이 강하다는 인식이 있다. 그러나 우동 가게, 메밀국수 가게, 라면 가게 같은 면 전문점 비즈니스는 그런 상식에 얽매일 필요가 없다. 소규모의 개인 가게라도 차별화에 성공하면 충분히 승산이 있다. 앞에서도 말했듯이 경쟁변수가 많은 업계인 경우, 임팩트가 있는 특징으로 승부하면 대형 업체라도 쉽게 맞서지 못한다.

대형 업체가 자신 있어 하는 것은 경쟁변수가 적은 편의성 방향의 시장이다.

그런 시장일수록 대형 업체에 의한 과점화가 되기 쉽고, 그만큼 개인 가게는 고전을 면치 못한다. 그 전형적인 예가 규동 업계이고, 햄버거 업계이다.

따라서 개인 가게가 살아남고 성공하기 위해서는 "편의성 방향을 목표로 하지 말고 경쟁변수가 많은 고품질 방향을 목표로 해야 한다."는 말을 이해할 수 있으리라고 생각한다.

다음 페이지의 '고품질과 편의성의 차이'를 나타낸 도표를 보자. 소규모로 개업할 경우 뛰어난 개성이 있는 고품질을 목표로 하지 않는 한 성공하지 못한다는 것은 이 도표를 통해서도 잘 알 수 있을 것이다.

그런데 지금 우동 업계에서는 셀프 우동 가게 비즈니스의 과점화가 진행되기 시작했다. 이것은 면의 종류, 다시물의 종류 등이 라면과 비교하면 턱없이 적고, 단순하기 때문이라고 여겨진다. 따라서 앞으로 우동 가게를 차릴 경우에는 반드시 면의 품질, 다시물, 토핑 등에서 크게 차별화해야 한다. 경쟁변수를 늘리면 늘릴수록 경쟁에서 이길 가능성이 높아진다.

어떤 대기업이든 처음에는 소규모로 시작한다. 그리고 성공해서

"대부분의 비즈니스는 고품질도 아니고 편의성도 아닌 중간의 불모지대에서
하고 있기 때문에 성공하지 못한다."
"비즈니스에서의 성공은 고품질과 편의성 둘 중 하나밖에 없다."
"단, 편의성은 규모가 크지 않으면 성공할 수 없다."
"단, 고품질은 고급과는 의미가 다르다."

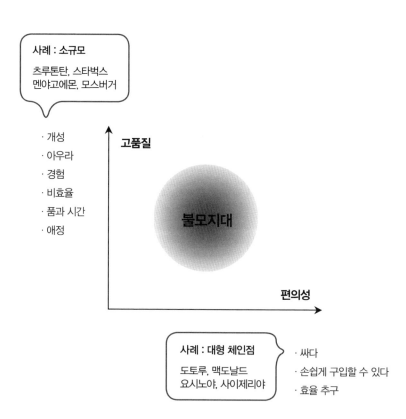

사례 : 소규모

츠루톤탄, 스타벅스
멘야고에몬, 모스버거

· 개성
· 아우라
· 경험
· 비효율
· 품과 시간
· 애정

고품질

불모지대

편의성

사례 : 대형 체인점

도토루, 맥도날드
요시노야, 사이제리야

· 싸다
· 손쉽게 구입할 수 있다
· 효율 추구

규모가 커짐에 따라 효율을 추구하는 것이 필요해지고, 효율을 추구하기 위해 경쟁변수를 줄이거나 줄일 수밖에 없다.

현재 대기업이라 불리는 회사는 어디나 이런 성장 과정을 거쳤을 것이고, 규모가 커지자 자연스럽게 편의성 방향으로 안정화를 이룬 것이다.

그러므로 처음에 편의성 방향을 목표로 하면 대형 체인점과의 경쟁을 피할 수 없게 된다.

이기는 싸움만 한다

에히메 현愛媛縣 이마바리 시今治市에서 JA(일본농업협동조합)가 운영하고 있는 미치노에키道の驛(일종의 역참으로 국도나 간선도로에서 고속도로의 휴게소 같은 역할을 하는 곳 - 옮긴이) '사이사이키테야'는 미치노에키치고는 꽤 큰 시설로 일본에서 가장 성공한 미치노에키 중 하나다. 나는 지금껏 이렇게 손님이 많은 미치노에키는 본 적이 없다.

사이사이키테야는 지역 농산물 직판장, 레스토랑, 스위츠 판매, 카페 등 몇 채의 건물이 쭉 늘어서 있고, 언제 가도 많은 손님들로 북적였다. 식당도 건강에 이로운 식사를 고집하고 있다.

사이사이키테야의 특징은 농산물뿐만이 아니라 바다가 가까워서 해산물도 많이 팔고 있다는 점이다. 이곳은 JA의 채소 직판장도 겸하고 있는데, 어쨌든 규모가 너무 커서 전원지대에 불쑥 등장한 거대한 시설 같은 이미지다. 그리고 레스토랑부터 스위츠 판매, 카페까지 있기 때문에 이곳에 오면 레저시설처럼 즐길 수 있다.

시골에서 서비스업과 같은 사업을 시작할 때 충분한 규모를 갖추고 있는 것이 사업에 성공하기 위한 방정식이 된다. 왜냐하면 대부분의 손님이 자동차로 오기 때문이다.

특히 식당과 같은 가게를 개점할 때 넓은 주차장은 이기는 싸움의 절대조건이다. 그런데 면 업계에서는 시골인데도 규모가 작고 주차장이 부족한 가게를 개점하는 사람이 끊이지 않는다. 이런 가게는 처음부터 지는 싸움을 하는 것과 같다.

크든 작든 사업이라는 것을 하는 이상 이기는 싸움을 걸어야만 한다. 이왕 시작한 이상 이기는 싸움에 임해야 하고, 계속 이김으로써 인생의 풍경이 달라진다. 예산이 충분하지 않다면 그 예산에 맞춰서 싸우는 방법이 필요하고, 지금까지의 상식에 따라서 다른 사람과 같은 것을 해서는 도저히 이길 수 없다.

소가 대를 이긴 전투로 가장 유명한 것은 '오케하자마桶狹間 전투'일 것이다. 이 전투에서 오다 노부나가는 고작 2,000명의 병력으로 2만 5,000명에서 3만 명으로 알려진 이마가와 요시모토의 대군을 격파했다. 당시 사람들은 누구나 힘이 약한 오다 노부나가가 질 것이라고 생각하고 있었을 것이다. 대군을 통솔하고 있던 이마가와 요시모토도 설마 자기가 질 것이라고는 생각지도 않았을 것이 틀림없다. 객관적으로 보면 절대로 이길 수 없는 전투에서 이긴 노부나가. 역시 희대의 전략가임에는 분명하다.

그러니까 자금 등의 경영 자원이 적을 때는 노부나가를 보고 배워서 그에 맞춘 전략을 짜내야 한다. 물론 전략만으로는 안 된다. 사명이나 콘셉트도 깊이 생각하여 명확하게 해야 한다. 군자금이 적으면 적을수록 이러한 작업이 중요성을 더한다는 것을 확실하게 자각하지 않으면 안 된다.

다음은 면 학교에서 경영 강의를 할 때의 이야기이다.

그 경영 강의에는 이미 가게를 운영하고 있는 학생이 멀리서 찾아와 참가하고 있었다. 10년쯤 전부터 시골에서 쓰케멘 가게를 하고 있는데 장사가 좀처럼 잘되지 않아서 지금의 상황을 바꿔야겠다는 생각에 용기를 내어 면 학교의 경영 강의를 수강하기로 했다는 것이었다.

쓰케멘 가게를 하는 목적은 가족을 행복하게 해주기 위해서이고, 개업할 당시에는 아무도 고용하지 않고 혼자서 가게를 꾸려나가려고 했다고 한다. 그러다 보니 식당의 객석은 고작 10석. 시골임에도 불구하고 너무나 비좁은 가게를 차렸던 것이다.

"왜 사람을 고용하지 않고 혼자 한 거죠?" 그 이유를 확인하자 "사람을 고용하면 인건비가 나가기 때문이죠."라고 말한다. "그래도 아무리 10석이라 해도 혼자서는 힘들지 않습니까?"라고 묻자 "평일엔 손님이 적어서 문제가 없습니다."라고 대답한다. 다만, 주말의 낮 시간은 평일보다 손님이 많기 때문에 시간을 맞추지 못해 힘들다는 것이었다. 그래도 어쩔 수 없이 혼자서 하고 있기 때문에 매출이 전혀 오르지 않아 "경영적으로 매우 힘들다."고 하소연했다.

내 생각에 그것은 당연한 결과다.

애초에 시골에서 10석짜리 가게를 오픈한 것 자체가 잘못되었다. 시골은 도시와 달리 식사 시간대가 한정되어 있어서 일정한 시간대에 손님이 집중되기 때문에 자릿수를 충분히 확보해두지 않으면 매출이 올라가지 않는다. 그것을 계산하지 않고 식당을 오픈했으니 싸우는 방법을 몰라도 너무 모르는 행동이었다.

도심형 라면 가게 중에는 8, 9석 정도로 매우 높은 매출을 올리고 있는 가게가 있다. 그러나 그것은 어디까지나 아침부터 밤늦게까지 사람들의 왕래가 끊이지 않고, 식사 시간대 외에도 손님이 오는 것을 기대할 수 있는 도시에서의 이야기이지 시골에서는 불가능한 이야기이다. 평일에는 점심식사 시간이 한정되어 있는 시골에서는 객석이 충분하지 않으면 매출이 올라가지 않는다.

반대로 주말엔 가족 손님이 많고, 여러 명이 한꺼번에 가게를 찾아오는 경우도 있기 때문에 10석 정도로는 도저히 수용할 수 없다. 최소한 40석, 가능하면 50석 이상이 바람직하다.

또 이 학생처럼 혼자서 영업하는 것에 너무 얽매이는 것도 문제다. 혼자서 하는 것을 나쁘다고는 말하지 않겠다. 그러나 매출을 올리지 못하고 가족을 행복하게 해줄 수 없다면 다시 생각해봐야 한다.

면 학교에서 경영 강의를 하다 보면 이 학생처럼 혼자 개업하는 것에 얽매이는 사람이 가끔 있다. "인건비가 아까우니까." "사람을 쓰는 것이 귀찮아서."라는 것이 주된 이유다. 그러나 이유야 어떻든 혼자서 개업하는 것에 너무 얽매이지 않기를 권한다.

많은 사람들의 도움이 있어야 비로소 성공할 수 있는 것이 비즈니스라는 것이다. 혼자서 할 수 있는 것에는 한계가 있다. 따라서 혼자한다는 것에 얽매일 필요는 없다.

"사람을 쓰는 데 익숙하지 않아서 싫다."고 말하는 사람도 있다. 그러나 사람을 씀으로써 자신이 성장할 수 있다. 한 명보다는 두 명, 두 명보다는 세 명과 같이 더 많은 사람을 쓸수록 더욱 성장할 수 있다. 사람을 쓰는 것은 자기 자신이 성장하는 데 있어서 에너지원이 된다. 그리고 대승적으로 말하면 새로운 고용을 창출하여 국가의 활성화에 공헌하게 되기 때문에 사람을 쓰는 것을 전제로 사업계획을 세우기를 권하는 바다.

비즈니스의 비결은 먼저 주는 것이다. 눈앞의 손익 계산을 먼저 생각하지 말고 '손님한테 최고의 만족감을 주기 위해서는 어떻게 하면 될까?' '손님의 문제를 해결하는 데 도움이 되려면 무엇을 해야 할까?'와 같은 것에 초점을 맞춰야 한다. 절대로 먼저 자신의 문제에 초점을 맞춰서는 안 된다. 비즈니스를 처음 시작하는 사람에게는 쉽게 이해할 수 없는 말이겠지만, 이 말을 이해하지 못하면 비즈니스는 성공하지 못하고 결과적으로 패자의 문을 두드리게 될 수밖에 없다.

지는 싸움은 절대로 해서는 안 된다.

95점 이상의 높은 레벨이 아니면 먹히지 않는다

내가 사회에 나온 것은 46년 전인 1968년이었다. 그 무렵의 초임은 약 2만 엔. 향학열에 불타던 나는 영어 백과사전《아메리카나》를 사려고 30만 엔을 빌렸다.

그로부터 반세기 가까이 지난 현재 대졸 초임은 약 10배인 20만 엔이 되었다. 따라서《아메리카나》를 현재의 화폐가치로 환산하면 300만 엔이지만, 요즘 백과사전을 사는 사람은 거의 없다. 인터넷상의 백과사전〈위키페디아〉가 무료로 운영되고 있고, 그 외의 것들까지 활용하면 모든 정보를 인터넷상에서 무료로 얻을 수 있게 되었기 때문이다.

또 정보 전달 속도가 급속하게 빨라져서 정보는 전 세계로 순식간에 확산되게 되었다. 정보의 가치가 예전에 비하면 그만큼 현저하게 떨어진 것이다.

운동 경기를 예로 들면 옛날에는 지역 대회에서 우승하거나 전국 체전에서 우승하면 화제가 되었다. 그러나 지금은 올림픽에서 금메달을 목에 거는 정도가 아니면 화제에 오르지 못한다.

옛날에는 '좋음' 혹은 '우수' 정도의 레벨로도 성과를 낼 수 있었다. 그러나 지금은 이 정도 레벨로는 살아남기가 어려워졌다. '최고〔Outstanding〕' 레벨이 요구되게 된 것이다. 이것을 나는 이해하기 쉽게 '95점 이상의 레벨'이라고 말하고 있다.

음식 세계에서도 같은 일이 일어나고 있다.

전에는 일본에서 가장 인기가 높은 라면 가게나 우동 가게를 아는 것은 쉽지 않았다. 그러나 지금은 '맛집 블로그'를 보거나 포털사이트에서 검색해보면 간단히 알 수 있다. 도시별 혹은 지역 내의 최고 맛집을 검색 한 번이면 즉시 알 수 있고, 자연스레 최고 맛집에 손님이 몰리게 되었다.

즉, 지금까지는 순위가 좀 떨어져도 어떻게든 장사가 되었지만, 지금부터는 순위가 낮으면 더욱 뒤처지게 되어 살아남을 수 없게 된 것이다.

이것은 인터넷의 출현에 의한 시대의 큰 변화라 할 수 있다.

당사는 창업 이후 지금까지 줄곧 제면기를 만들고 있지만 가장 중점을 둔 것은 면의 맛에 대한 연구이다. 현재는 면뿐만 아니라 수프의 맛, 그릇에 담는 방법 등, 상품력 전반에 걸쳐서 완성도를 높이는 테마에 목숨을 거는 진지함으로 임하고 있다. 직원들에게도 면의 맛에 대해서는 창업 당시부터 매우 엄격하게 지도해왔다.

만약 이것을 적당한 수준에서 타협해버리면 당사의 존재 이유가 없어진다. 당사가 창업 30년 만에 업계 점유율 1위가 된 것은 맛있는 면을 어느 제면기 제조회사보다도 열심히, 진지하게, 타협하지 않고, 엄격하게 추구해왔기 때문이라고 생각한다.

우리가 경험해온 것을 생각하면 면과 수프 등, 상품력의 완성도를 높이는 데 열심히 노력하지 않는 면 전문점 점주의 마음을 나는 더욱 이해하지 못하겠다. 좀 더 진지하게 완성도를 추구하면 반드시 지지해주는 손님이 늘어날 것이라고 생각한다.

당사와 같은 제면기 제조회사조차 맛있는 면을 추구하여 업계 1위가 되었으므로 면 전문점이 맛있는 면을 진심으로, 진지하게, 타협하지 않고 추구하면 훨씬 빨리 성공할 것이다.

다른 업계를 살펴보면 일본의 전자회사는 대부분 고전하고 있지만, 전 세계 자동차 시장에서는 토요타를 비롯한 일본의 자동차 회사는 선전하고 있다.

그 가장 큰 이유는 상품력이다.

연비효율이 높고, 고장이 나지 않고, 수명이 긴 상품력은 높이 평가받게 마련인데, 이러한 조건을 갖추고 있기 때문에 일본 차의 인기가 세계적으로 높은 것이다.

디즈니가 성공한 것도 그들이 상품력을 가장 중시하고 있기 때문이다.

월트 디즈니의 '성공법칙'은 다음과 같다.

① 최고의 상품을 만들고, 양질의 서비스를 전달하기 위해 종업원에게 효과적인 연수를 받게 하고, 경험으로부터 배우고, 성공을 칭찬한다.

② 아이를 데리고 디즈니 월드에 가는 것은 그 자체가 목적이 아니다. 그 후 몇 개월, 몇 년 동안 일상의 대화에서 가족이 공유할 수 있는 것을 만들기 위해 가는 것이다.

양질의 서비스로 대성공을 거둔 것처럼 보이는 디즈니조차 최고의 상품을 만들어내는 것을 가장 중요시하고 있는 것이다.

그러고 보니 전에 이런 이야기를 들은 적이 있다.

한여름의 뙤약볕 아래에서 미키 마우스 의상을 입은 사람이 실외의 높은 무대 위에서 춤을 추고 있었다. 얼마 후 발을 헛디딘 미키 마우스가 물웅덩이로 떨어졌다. 그런데 그는 아무 일도 없었다는 듯이 다시 무대 위로 기어 올라와서 계속 춤을 추었다.

가만히 있어도 무더운 한여름이다. 동물 의상을 입고 있으면 그 안이 얼마나 더울지 상상이 가고도 남는다. 그래도 아무 일도 없었다는 듯이 계속해서 춤을 추다니, 디즈니가 제공하고 있는 것은 단순한 서비스가 아닌 꿈이라는 것을 실감할 수 있는 광경이었다.

고객은 비싼 돈을 지불하고 꿈에 빠지기 위해 디즈니 월드를 찾아온다. 따라서 고객이 꿈에서 깨지 않도록 완벽한 퍼포먼스가 요구된다. 고객의 꿈을 깨뜨리지 않는 것이 디즈니의 최고의 상품력이었던 것이다.

사업이 성공하기 위한 기본 조건은 95점 이상의 높은 상품력이다. 신규로 창업한 분, 이미 창업한 분들이 좀처럼 성공하지 못하는 것은 상품력의 레벨을 60~80점 레벨로 영업하고 있기 때문이다.

인터넷이 발달하여 누구나 쉽게 가게의 레벨을 알 수 있게 된 지금은 95점 이상의 높은 레벨이 반드시 필요하다.

비즈니스는 사람이 전부다

39년 전, 나는 회사를 창업하면서 그때까지 샐러리맨으로 살아온 나의 경험에 비춰 많은 사람들을 행복하게 해줄 수 있는 조직을 목표로 삼았다. 그러나 실제로 사업을 시작하고 보니 그 길은 너무도 험난했고, 당장 살아가는 것을 최우선시할 수밖에 없었다는 것이 그때의 솔직한 심정이다. 그런 상태에서 빠져나올 때까지 실로 오랜 세월이 걸렸다.

마침내 39주년을 맞이하여 함께 일하는 사람들이 항상 행복을 느낄 수 있는 회사를 만드는 것이야말로 처음부터 목표로 했던 것이고, '앞으로도 열심히 노력해야 하는 나의 가장 큰 과제'라고 마음을 새롭게 하는 참이다.

그 과제를 완수하기 위해서도 미래로 도약할 수 있는 회사, 우리 기업인이 목표로 해야 하는 회사, 일하는 사람들이 진정한 행복을 느낄 수 있는 회사, 사명과 가치관이 명확한 회사로 키워야만 한다.

그런데 조직에서 일하는 사람들에게 진정한 행복이란 무엇일까? 언제, 혹은 무엇에 조직에서 일하는 사람들은 행복을 느낄까?

인간의 생활방식과 관련된, 꽤나 철학적인 테마이기 때문에 한 마디로 표현할 수는 없지만, 내 생각에 그것은 다음의 10개 항목으로 집약되는 것이 아닌가 싶다.

① 생계에 필요한 보수를 받고 있다.
② 성장할 수 있는 기회를 얻고 있다(성장할 수 있는 기회가 있다).
③ 자신의 강점을 발휘하여 공헌할 수 있는 장이 마련되어 있다.
④ 삶의 목적을 찾을 수 있다.
⑤ 인간으로서 존중받고, 그에 걸맞은 대우를 받고 있다.
⑥ 회사에 공헌하는 데 있어서 필요한 교육 훈련과 지원을 받고 있다.
⑦ 회사에 공헌하고 있는 것을 회사가 알고 있고, 올바른 평가를 받고 있다.
⑧ 자신의 미래의 꿈과 조직의 꿈을 융합할 수 있다.
⑨ 자기실현을 할 수 있는 가능성이 있다.
⑩ 심신의 건강을 추진할 수 있는 환경에 있다.

사업 성과를 올리는 데 있어서 가장 중요한 자원은 사람이고, 사람이 성과를 올리는 것에 의해 비로소 기업은 성과를 올릴 수 있게 된다. 따라서 조직에 있어서 가장 적절한 사람을 채용하는 것은 매우 중요한 일이다.

앞으로는 사업주 측이 채용하고 싶어 하는 훌륭한 소질을 갖춘 인재는 줄어들 것으로 예상된다. 따라서 훌륭한 소질을 갖춘 인재를 채용하기 위해서는 기존의 종업원과 관리자와 같은 관계가 아니라 파트너 혹은 고객으로 대우할 필요가 있다.

무엇보다도 중요한 것은 사업을 시작하기 전에 같이 일할 사람들을 명확하게 하는 것이다. 우선 같이 일할 사람들과 사명, 가치관을 공유할 수 있어야 한다. 이것은 절대조건이다.

대졸 신입사원을 채용해서 그 사람이 정년까지 약 40년 동안 계속 근무할 경우 그 사람에게 들어가는 총 인건비는 2억 엔을 넘는다. 그만큼의 투자를 하는 것이므로 누군가를 채용할 때는 일체의 타협을 배제해야만 한다.

동시에 사람을 비용이라 생각하지 않고, 어디까지나 자원으로 취급할 수 있는 것이 중요하다. 그런 다음에 개개인이 갖고 있는 강점의 이해, 강점의 진화, 강점의 전개에 늘 주력하고, 단점에는 절대로 초점을 맞춰서는 안 된다.

지금은 일하는 사람과 회사의 역학관계가 역전되어서 얼마나 일하기 쉽고 성장할 수 있는 장을 마련하느냐가 좋은 인재를 모으는 중요한 과제가 되었다. 즉, 쾌적한 직장 환경, 충실한 복리후생, 여성이 일하기 쉬운 직장과 같은 것이 신입사원을 모집할 때의 키워드가 된 것이다. 게다가 저출산·고령화를 앞두고 육아나 개호에 시간을 빼앗겨야 하는 사람들이 일하기 쉬운 직장을 어떻게 만드느냐도 경영자에게 부과된 중요한 과제 중 하나다.

참고로 당사의 다음 과제는 어린아이가 있는 사람들을 위한 보육시설의 설치다.

경영자는 노동환경의 변화에도 민감해야 한다. 현재는 단순한 육체노동자가 격감하고 있고, 지식노동자와 서비스노동자의 시대로 크게 변화하고 있다.

육체노동의 시대는 일을 얼마나 효율적으로 달성하느냐가 과제였다. 그리고 성과는 투입한 노동력에 거의 비례했다. 그러나 지식노동의 시대는 무엇을 해야 하느냐가 큰 과제다. 그리고 성과는 투입시간에는 전혀 비례하지 않고, 지식노동자가 갖고 있는 지식, 능력, 기술, 책임감으로 결정된다.

이것을 시스템적으로 생각해보면 다음과 같다.

육체노동의 시대는 '테일러의 과학적 접근법'이든 '포드의 조립라인'이나 '데밍의 TQC'이든 생산성의 열쇠는 시스템에 있었다. 필요한 지식은 모두 시스템에 집약되어 있었다. 즉, 육체노동의 시대에는 시스템이 지식도 기술도 없는 사람들에게 일을 시켰던 것이다.

그러나 서비스노동에서는, 시스템은 보조자의 역할을 하는 데 불과하고 고객의 역할에 서는 주역은 사람이다. 지식노동에 이르러서는 시스템을 움직이는 것은 사람이다.

육체노동에서는 사람이 시스템에 종속되었다. 그러나 서비스노동과 지식노동에서는 시스템이 사람에 종속된다.

이처럼 사람에 대한 사고방식이 과거 수십 년 동안 완전히 역전된 것을 이해하지 않으면 안 된다. 요컨대 현재라는 시대는 사람이 영고성쇠榮枯盛衰의 열쇠를 쥐고 있다. 그만큼 사람의 채용, 교육, 훈련에는 사운을 건다는 마음으로 임해야 한다.

마지막으로 사람들 사이에서 일하고 싶은 세계 최고의 기업으로 뽑힌 구글의 '사람에 대한 황금률'을 소개해본다.

구글의 열 가지 황금률

1. 채용은 위원회 방식으로 한다.
   → 적어도 6인이 면접을 본다. 전원의 의견을 중시한다.
2. 직원이 필요로 하는 것은 모두 제공한다.
   → 업무에 방해가 되는 것은 모두 제거한다.
3. 사람을 한곳에 모아놓는다.
   → 대부분의 일을 팀으로 한다. 커뮤니케이션을 중시한다. 팀원은 모두 가까운 자리에 모아두고 독방은 만들지 않는다.
4. 협력하기 쉽게 한다.

1인 창업에서 기업 경영으로

→ 팀원 간의 자리가 가깝기 때문에 업무 조정이 용이하다. 더불어 주간보고를 메일로 하여 업무의 추진 상황을 쉽게 파악한다.

5. 모든 것을 사내에서 조달한다.

→ 자사에서 개발한 툴을 다용한다. g메일의 성공은 수개월에 이르는 사내 이용 덕분이었다.

6. 창조력을 발휘하게 한다.

→ 업무 시간의 20%는 좋아하는 일에 사용한다. 회사 베이스의 제안 상자로서 주차장 이용 규칙에서부터 상품 개발에 이르는 아이디어 교환을 위한 메일링 리스트를 갖는다.

7. 합의를 이끌어내기 위해 노력한다.

→ '다수는 소수보다 현명하다.'를 기본적인 사고방식으로 삼는다. 어떤 일이든 결정하기 전에 의견을 구한다. 매니저의 역할은 의견을 모으는 것이다. 시간을 갖고 검토하고, 팀으로서 결속을 강화하여 훌륭한 결정을 이끌어낸다.

8. 부정한 짓은 하지 않는다.

→ 구글의 모토에 대해서는 이런저런 말이 있지만 우리는 진심으로 성심성의를 다한다. 매니저가 되면 특히 그렇다.

9. 데이터를 중시한다.

→ 분석에 근거하여 결정을 내린다. 내외의 정보를 모으고, 최첨단을 추구한다. 사업 상황은 온라인으로 파악한다.

나처럼 사업에 종사하는 사람들에게는 함께 일하는 사람들과의 새로운 관계 구축이 매우 중요한 시대가 되었다. 앞으로도 변해가는 노동환경에 끊임없이 시선을 돌리고 글로벌 시대, 저출산·고령화 시대를 이해한 노무관리의 본연의 자세를 생각할 필요가 있다고 본다.

자금은 늘 여력을 남겨둔다

39년에 이르는 기업 경영자로서의 변변찮은 경험을 통해 말하자면 경영자에게 가장 큰 스트레스의 원인은 '돈이 부족한 것'이다.

자금융통에 늘 신경 쓰면서 매일의 업무를 처리해야 하는 것은 정말 큰 스트레스가 된다. 이것만은 경험해본 사람이 아니면 이해하지 못한다고 생각한다.

나는 39년 동안 기업을 경영하면서 전반기 20년 이상을 늘 자금융통 때문에 골머리를 앓았다. 그래서 자금융통에 괴로워하는 경영자의 마음은 누구보다도 잘 안다.

자금이 부족하면 사업을 계속할 수 없다. 그렇기 때문에 좋든 싫든 자금융통을 최우선시할 수밖에 없고, 비즈니스의 본질과는 무관한 은행 순례 등에 소중한 시간을 허비하게 된다. 혹은 또 속으로는 팔고 싶지 않은 상대에게도 팔 수밖에 없는 상황에 처하곤 한다.

그런 비참하기 짝이 없는 생각을 하고 싶지 않으면 현금성 예금을 중시하고, 늘 자금 여력을 남겨두는 경영을 명심해야 한다.

나는 엔지니어에서 갑자기 사업을 시작했다. 매니지먼트도, 마케팅도, 자금 융통도, 무엇 하나 제대로 이해하지 못한 채 사업을 시작한 것이다. 그러니 당연히 많은 실패를 되풀이했고, 그때마다 고통을 맛보았다. 그중에서도 너무 힘들고 괴로워서 다시 떠올릴 때마다 오싹해지는 것은 자금융통으로 인한 고통이었다. 그것도 한 번이나 두 번이 아니다. 앞에서도 말했듯이 경영자로 지낸 세월의 절반 이상은 늘 자금융통과의 전쟁이었다. 그것은 말할 필요도 없이 자금 여력을 남겨두는 것이 중요하다는 것을 신념으로서 갖고 있지 않았기 때문에 초래된 결과였다.

지금은 과거의 너무나도 귀중한 체험을 살려서 늘 자금 여력을 남겨두려고 마음먹고 있다.

자금 여력이 있는 것은 집안 살림으로 말하면 저금이 있는 것과 같다. 은행 계좌에 언제든지 빼서 쓸 수 있는 현금이 있는 것과 같은 것으로 이 자금 여력이 있느냐 없느냐에 따라 기업 경영은 크게 달라진다.

예를 들면 리먼 쇼크와 같은 위기 상황이 벌어져도 몇 년은 살아남을 수 있는 자금 여력이 있으면 눈앞의 손익에 신경 쓰지 않고 최선의 길을 선택할 수 있다.

그럼 어떻게 하면 자금 여력을 남길 수 있을까?

이것에 대해서는 특별히 묘수나 묘안이 없다. 매월, 매년, 이익의 일부를 차곡차곡 모아두는 수밖에 없다.

안면이 있는 어느 경영자는 세무서에 세금을 내는 것은 바보 같은 짓이라며 회사 돈으로 고급 차를 사거나 여행 경비를 충당하는 등 자금이 남지 않도록 꼼수를 쓰고 있다. 그렇게 하면 확실히 세금을 내지 않을 수 있을지 모른다. 그러나 그런 방법을 반복하다 보면 여유자금은 영원히 생기지 않는다. 결국 눈앞의 이익만을 좇게 된다. 이런 식으로는 5년 후, 10년 후를 내다본 경영, 흔들림 없이 안정적인 경영 따위는 꿈도 못 꾼다.

돈은 역시 모아두어야 된다. 기업이 소규모일 때부터 본업 외의 쓸데없는 것에는 돈을 쓰지 않고 착실하게 이익으로 축적해두는 것이 중요하다.

경영의 신, 마쓰시타 고노스케는 이것을 '댐식 경영'이라고 부르며 "댐이 물을 모으듯이 자금을 모으시오. 규칙을 세워놓고 돈을 비축하시오."라고 주장하고 있다.

고노스케의 이 가르침을 순순히 받아들여서 자금 축적을 늘 염두에 두고 있느냐 일소에 부치느냐에 따라 그 결과는 훗날 엄청나게 큰 차이가 되어 나타난다.

아무리 돈을 많이 벌어도 호화로운 집에 살고, 고가의 차를 몰고, 사치스런 여행을 즐긴다면 돈은 남지 않는다. 반대로 수입은 적어도 착실히 저금을 하다 보면 나중엔 큰돈이 된다. 이 돈이 유사시에 도움이 되는 것이다. 실로 '개미와 베짱이'의 세계 그대로다.

게다가 사업을 하는 사람이면 가정이 아니라 회사를 경영해야 한다. 그러므로 장래, 아니 내일 당장 무슨 일이 일어날지 모른다.

순식간에 회사를 궁지에 몰아넣는 대형 리스크는 도처에 널려 있다. 대형 리스크로서 우선 들 수 있는 것이 지진일 것이다. 지진 같은 건 일어나지 않기를 누구나 바라고 있다. 하지만 일본에서 사업을 하고 있는 이상 지진이라는 리스크로부터 도망칠 수는 없다.

동일본 대지진 때는 당사도 센다이仙台의 거점이 피해를 입었다. 그 때문에 도호쿠東北 지구의 영업 활동이 반년 이상 스톱. 센다이의 직원들은 매일 식사 봉사 같은 봉사 활동에 종사했다. 센다이 외에도 삿포로와 간토 지구가 큰 영향을 받았고, 뿐만 아니라 간사이 지구의 매상까지 큰 폭으로 떨어지며 재무 악화에 직격탄을 날렸다. 가가와 현에 본사가 있는 당사조차 이 정도였으니 도호쿠, 간토를 영업의 근거지로 삼고 있는 회사가 받은 데미지는 짐작할 수조차 없다.

동일본 대지진은 일본에 있는 기업들에겐 실로 예상치도 못한 사건이었다. 그러나 대지진이 또 언제 어디에서 일어날지는 아무도 모른다.

리스크는 자연계뿐만 아니라 인간 사회 속에도 잠재되어 있다. 정치, 경제, 국제관계…… 모든 것에 리스크는 잠재되어 있다. 언제, 어디에서 전쟁이 일어날지 알 수 없고, 언제 리먼 쇼크가 재발할지도 모른다. 우리는 항상 불안정한 상태에 놓여 있다는 것을 잊어서는 안 된다.

그런 불안정함을 커버해주는 것이 여유가 있는 자금이다. 자금만 있으면 목숨을 부지할 수 있다. 요컨대 여유자금이란 비축식량과 같은 것이다.

내가 창업할 무렵에는 은행금리가 6% 정도였다. 현재의 금리와는 전혀 비교가 되지 않는다. 그리고 현재, 전 세계 대부분의 국가에서 사업 자금의 금리는 8% 정도이거나 그 이상이다. 따라서 차입 여력이 있다면 다소의 금리를 희생하더라도 자금 면에서는 안전책을 취해둘 것을 권하고 싶다.

물론 무차입경영이 가장 좋다. 그러나 무차입경영까지 이르는 과정에서는 은행으로부터의 차입이 필요해질 때도 있다. 그때를 대비해서 차입 여력(능력)을 만드는 수밖에 없고, 이익을 꾸준히 올리는 것이 매우 중요한 요건이 된다. 이익을 꾸준히 올리는지의 여부가 금융기관에서 본 융자 여력의 판단 재료가 되기 때문이다.

그러나 여기서 주의해야 할 것은 이익을 올리는 것을 사업의 목적으로 삼지 말아야 한다는 것이다.

사업의 목적은 고객의 문제를 해결하고, 고객의 가치 창조를 하는 것에만 두어야 한다. 고객의 가치를 창조한 후에 자연스럽게 생기는 것이 이익이다. 그렇기 때문에 고객에 대한 가치 창조가 크면 클수록 남는 이익은 커진다.

이익은 결과다. 비즈니스의 기본인 사명, 제공하는 가치, 고객, 콘셉트 등을 명확하게 하고, 일관성이 있는 행동을 유지하는 것에 의해 이익은 자연스럽게 얻을 수 있다. 그렇게 해서 얻은 이익을 쓸데없이 쓰지 않고 모으는 데 노력하면 여유자금은 자연스럽게 생긴다.

비즈니스는 고잉 컨선Going Concem(계속 기업), 영원한 번영이야말로 가치가 있다. 도중에 파산한다면 불행의 씨앗을 곳곳에 뿌리게 된다. 그런 괴롭고 슬픈 처지에 놓이지 않기 위해서라도 여유자금은 빼놓을 수 없다.

가게 운영 또는 기업 경영

가속학습을 고찰한다

드러커 매니지먼트의 진수를 분류하면 크게 다음의 다섯 가지 테마로 나눌 수 있다.

① 고객 중시

② 실천의 중시

③ 본질을 파악하는 통찰력

④ 리더로서의 책임 중시

⑤ 인간 중시

최근 주목을 모으고 있는 가속학습은 ②의 '실천의 중시', ③의 '본질을 파악하는 통찰력'을 어떻게 활용하느냐가 포인트가 된다.

어떤 일이든 가장 처음에 필요한 것은 본질을 이해하기 위한 깊은 사고다. 자기 자신의 머리로 깊이 생각하는 것이다. 내 경험에 의하면 이때 '명상'이 큰 도움이 된다.

다음으로 실천이다. 일단 해보는 것이다. 해보면 반드시 답이 나온다. 단, 대부분의 경우 기대했던 답은 나오지 않는다. 그렇다면 다시한 번 깊이 생각하고 접근방법을 바꿔서 시도해본다. 이러한 과정을 좋은 결과를 얻을 때까지 고속으로 반복하고 회전시킨다.

예를 들어 말하면 책을 읽는 데 걸리는 시간에 전체의 20%, 그 내용에 대한 사고에 30%, 실천에 25%, 검토와 재 실천에 25%와 같은식이다.

이것은 사람이 음식물을 섭취하는 것과 매우 흡사하다. 우선 음식물을 입에서 체내로 집어넣는 것이 지식의 섭취. 즉, 독서에 해당한다. 다음으로 위나 소장, 대장과 같은 소화기관에서 소화하는 과정, 이것이 사고다. 그리고 체내로 섭취되어 에너지로 재활용되는 것은실천 이후의 과정이다.

요컨대 새로운 어떤 것을 이해하고 자기 자신의 능력으로서 활용할 수 있게 되기 위해서는 사고와 실천의 반복이 필요하다.

나는 지금까지 읽는 데에만 100%의 에너지를 썼다. 그러나 그렇게 해서는 머리에 남지 않으니 실생활에 아무 도움이 되지 않는다. 책을 단순히 읽는 것보다도 내용을 깊이 있게 읽고, 저자가 말하고자하는 것을 저자와 같은 수준, 혹은 좀 더 깊은 수준에서 이해하는 것이 중요하다.

책에 쓰여 있는 것은 기본에 지나지 않는다. 거기에서 어떻게 진화하여 자기 자신의 새로운 개념으로 바꿀 수 있느냐가 무엇보다도 중요하다. 단순히 책을 읽고 지식을 얻는 것은 그렇게 중요하지 않다. 독서의 효용이란 책에 쓰여 있는 내용 이상으로 활용하여 자기 자신의 성장이나 비즈니스의 성공에 도움이 되는 것에 있을 것이다.

내가 이런 자세로 책을 읽게 된 것은 책을 쓰겠다고 의식하고 나서다. 그때까지는 나도 지극히 평범하게 독서를 즐겼다. 그런데 책을 쓰겠다고 의식한 뒤로는 독서에 대한 사고방식이 완전히 바뀌었다. '실천으로 연결시킬 수 있어야만 독서의 가치가 있다.'고 생각하게 되었던 것이다.

독서는 실천으로 빚어내기 위한 수단 내지는 참고에 지나지 않는다.

그리고 내가 생각하는 책의 가치란 책을 사주시는 독자 여러분께 얼마나 도움이 될 수 있느냐에 있다. 도움이 되지 않는 책은 가치가 없다고 생각한다. 단, 아무리 도움이 되는 책을 출판했다 해도 독자가 사주지 않으면 의미가 없다.

지금 세상에는 책이 범람하고 있다. 내가 학창시절 서점에 가면 '이달의 신간'이라는 코너가 있었다. 그런데 지금은 '이달의 신간'이 아니라 '오늘의 신간'이다. 서점에는 매일매일 신간이 깔리는, 실로 '책의 홍수'라 할 수 있다. 이런 와중에, 홍수에 매몰되지 않고 독자

들에게 어필하기 위해서는 참신하고, 독특한 시점으로 큰 임팩트를
줄 수 있어야 한다.

이야기가 옆길로 샜는데, 단순히 책을 읽고 지식을 얻는 것만으로
는 의미가 없다. 책을 통해 얻은 지식을 어디까지 활용하고 발전시킬
수 있느냐, 혹은 그 지식을 얼마나 깊고 넓게 가공하여 더욱 새로운
개념을 구축할 수 있느냐가 중요하다.

내가 젊었을 때는 지금처럼 정보를 쉽게 얻을 수 없었다. 인터넷도
페이스북도 없었기 때문이다. 이러한 정보 툴의 발달은 사회나 과학
기술의 발달을 한층 가속화한다.

이제는 태평스럽게 공부하고 있을 시간적 여유 따위는 없다. 지금
세상에 요구되고 있는 것은 '가속학습'이 아닐까? 연달아 나타나는
새로운 툴을 능숙하게 사용하여 지금까지는 한 달이 걸렸던 일을 일
주일이나 며칠 만에 할 수 있도록 능력을 키워놓아야 한다. 학습 시간
을 단축하고, 남은 시간을 효율을 높이기 위해 써야만 하는 것이다.

즉, 가속학습의 가능성이 점점 넓어지고 있다. 나는 그렇게 생각하
고 있다.

적절할 때
적절한 일을 하고 있는가

기계설계 엔지니어였던 나는 창업 당시부터 디자인에 관해서는 까다로운 편이었다. 시골 철공소에서 만든 뭉툭하고 투박한 디자인이 아니라 도시적인 센스가 철철 넘치는 세련된 제면기를 만들고 싶었던 것이다.

그러기 위해서는 고가의 아마다제 판금공작기계를 도입해야 했다. 하지만 갓 창업한 당사에 그런 거금이 있을 리가 없었다. 은행에서 빌리려고 해도 여신 제로이기 때문에 빌릴 수도 없었다.

그러나 내가 설계한 제면기를 제조하기 위해서는 예의 공작기계는 필수였다. 어떻게든 도입하지 않고는 아름다운 디자인의 제면기를 만들 수 없었다. 그래서 나는 가가와 현과 교섭하기로 했다. 행정기관의 보증을 받으면 은행에서 자금을 빌릴 수 있을 것이라고 생각했기 때문이다.

이렇게 관공서 출입이 시작되었고, 두 번, 세 번 걸음을 옮긴 끝에 마침내 승낙을 받고 예의 공작기계를 도입할 수 있었다. 그리고 그 노력이 빛을 발해서 타사의 제면기보다 디자인 면에서 한두 걸음 앞선 제면기를 완성시킬 수 있었다.

그로부터 10여 년이 흘러 제면기의 판매도 궤도에 올랐을 무렵 전국에 흩어져 있는 고객에게 DM을 보내기 위한 고객 데이터를 보존할 필요가 생겼다. 고객 수가 늘어나기 시작해서 노트에 기록하는 것만으로는 충분치 않았던 것이다.

컴퓨터는 그 무렵에 이미 시중에서 판매되고 있었다. 하지만 당사에서는 아직 높은 벼랑 위의 꽃, 도저히 손을 내밀 수 있는 물건이 아니었다. 그래도 과감히 도전하여 고가의 컴퓨터를 도입했고, 독학으로 컴퓨터를 배운 야마모토 상무의 노력으로 이 부문을 가동할 수 있었다.

덕분에 우리는 전국의 고객 데이터베이스를 만들 수 있었던 것은 물론 고객과 주고받는 모든 것을 데이터베이스에 기록하고, 과거의 데이터를 언제든 볼 수 있게 되었다.

지금 돌이켜보면 공작기계의 도입이나 컴퓨터의 도입이 당사의 성장에 있어서는 실로 불가결한 일이었다. 실은 당사는 이 두 가지 외에도 아래와 같은 성장을 위한 포석을 깔아왔다.

① 우동용 소형제면기 '신우치'의 개발.

② 아마다제 판금공작기계의 도입.

③ 면의 맛 연구(면 연구실의 창설)와 연구를 위한 고가의 측정기기 도입.

④ 라면용 제면기 '리치멘' 개발.

⑤ 메밀국수용 제면기 '반도타로' 개발.

⑥ 숙성고 '네타로' 개발.

⑦ 컴퓨터 도입.

⑧ 대형 자동 제면기 개발.

⑨ 관련회사 '산쇼' 창업.

⑩ 사명 '면 전문점 번성 지원회사'를 명확하게 했다.

⑪ 365일 메인터넌스 개시.

⑫ 면 전용 소금 '46억년' 제조·판매 개시.

⑬ 야마토 우동 학교 개교.

⑭ 사카이데坂出 역 구내에 직영점 '기조안' 개점.

⑮ 전국 각지에서 당사의 독자적인 전시회 개최 개시.

⑯ 여성 등용 개시.

⑰ 신규 개업 지원사업 '토털 프로듀스' 개시.

⑱ 라면 학교, 메밀국수 학교 개교.

⑲ 상권 분석 개시.

⑳ 두 번째 사명 '맛있는 일본의 면 문화를 전 세계에 퍼뜨린다'의

명확화.

㉑ 세 번째 사명 '인생의 성공 스토리 판매 회사'의 명확화.

㉒ 드러커 매니지먼트를 본격적으로 배우며 사내에 전파.

㉓ TOC 이론을 이스라엘의 골드랫 컨설팅으로부터 배움.

㉔ 본사를 현재의 신 본사로 이전.

㉕ '드림 스튜디오' 국내 8개소, 서울 1개소, 합계 9개소 체제로.

㉖ 본사에서 유기농법 무농약 채소를 사용한 오가닉 식당 개시.

㉗ 경영 강의 도서 출판.

큰 실패를 경험하면서 당사가 오늘날까지 올 수 있었던 것은 필요할 때 필요한 일을 실행했기 때문이라고 생각한다. 지금 이렇게 돌아보면 적절할 때 적절한 일을 실행하는 것이 얼마나 중요한지 깨닫게 된다.

적절할 때 적절한 일을 실행하지 않으면 비즈니스는 망한다. 물론 비즈니스가 망하는 요인은 그 외에도 얼마든지 있다. 그러나 대부분의 원인은 시기를 놓친 시책이나 대응에 있다. 그런 만큼 가능한 한 그 상황에 맞는 정확한 시책을 내놓고 싶겠지만, 그러기 위해서는 다음의 다섯 가지를 유의해야 한다.

① 고객의 중시. 고객에게 포커스를 맞춘다. 그리고 고객의 변화를 늘 파악한다.

② 실천의 중시. 가설, 실행, 피드백을 고속으로 반복한다.

③ 본질을 파악하는 통찰력의 연마. 본질 파악의 중요성을 이해한다.

④ 책임의 중시. 특히 1등 기업이 갖는 책임의 중요성, 기업으로서의 고객에 대한 책임의 크기 및 리더십의 중요성을 자각한다.

⑤ 인간 중시. 인간의 강점을 발휘할 수 있도록 한다.

경영이란 하루하루를 진지하게 사는 것, 모든 일을 깊이 생각하고 실행하여 최종적으로 많은 사람들을 행복하게 하는 것이다. 그러기 위해서는 하루하루를 진지하게 임하는 자세가 중요하다. 1년이라는 세월도 하루하루가 쌓인 것에 지나지 않는다. 하루하루를, 다시 말하면 지금이라는 한 순간, 한 순간을 얼마나 진지하게 사느냐가 관건이다.

그것을 자각하면 적절할 때 적절한 일을 하고 있는지 어떤지가 보이게 된다. 만약 적절할 때 적절한 일을 할 수 없다면 한때는 크게 성공한 것처럼 보여도 그 성공이 오히려 독이 되어 결국 망하는 경우가 종종 있다.

지금 하고 있는 일이 적절한 일인지 적절한 때인지를 늘 돌아보기를 바란다.

애플의 스티브 잡스가 스탠포드 대학에서 한 연설은 이렇다.

"열일곱 살 때 이런 경구를 읽은 적이 있습니다.

'매일을 인생의 마지막 날처럼 산다면 언젠가 반드시 틀리지 않은

길을 걷고 있을 것이다. 마침내 반드시 그날이 올 테니까.'

이 글에 감명 받은 저는 그 이후로 지난 33년간 매일 아침 거울을 보면서 저에게 이렇게 묻곤 했습니다.

'만약 오늘이 내 인생의 마지막 날이라면 지금 하려고 하는 일을 할 것인가?'

'No'라는 대답이 며칠 동안 계속되자 나는 변화가 필요하다는 것을 알게 되었습니다."

잡스의 위대한 성공도 늘 올바른 일을 해온 결과였던 것이다.

깊이 생각하며 본질을 파고든다

나는 이노베이션을 깊이 파고들려고 하면 반드시라고 해도 될 정도로 전에 배운 '디자인 사고'에 다다른다.

디자인 사고에 대해 조금 설명을 덧붙이자면, 디자인 사고는 도안을 그리거나 레이아웃을 하는, 이른바 디자인과는 별개의 것이다. 영어의 '디자인'이라는 말에는 '문제를 해결하기 위한 프로세스 및 사고나 개념의 조립'이라는 의미가 있고, 디자인 사고에서 말하는 디자인도 이러한 의미로 사용된다.

아무리 어려운 문제도 조금 각도를 바꿔서 바라보면 지금까지 생각지도 못했던 해결법이 보이거나 새로운 기회가 생기곤 한다. 이처럼 새로운 기회를 발견하기 위한 프로세스, 그것이 디자인 사고다.

그 디자인 사고를 전 세계에 퍼뜨리고 있는 것은 미국 캘리포니아주 실리콘밸리의 팔로알토에 있는 디자인 컨설턴트 회사 IDEO(아이디오)이다. 나는 전부터 이 회사에 흥미를 갖고 있었기 때문에 샌프란시스코에 갔을 때 본사를 찾아갔다.

세계를 리드하는 IDEO이니 본사는 틀림없이 최첨단의 초근대적 빌딩에 있을 것이라고 생각했다. 나는 이참에 미국의 최첨단 빌딩이 어떤 구조로 되어 있는지 내 눈으로 직접 확인해보겠다는 기대로 한껏 부풀어 있었다. 그런데 웬걸, IDEO의 본사는 한적한 고급 주택가에 조용히 자리 잡고 있었다. 게다가 이것이 세계적으로 유명한 IDEO의 본사인지 의심이 들 정도로 작고 아담했다.

나는 순간 내 눈을 의심했다. 그러나 바로 깨달았다. 이런 환경이기 때문에 감성이 풍부한 두뇌가 모여서 다양한 아이디어를 쏟아낼 수 있었다는 것을. 그렇게 생각하면 생각할수록 창업자의 사려 깊은 마음에 감명을 받았다. 경영자라면 역시 이래야 한다.

그런데 디자인 사고를 생각해낸 것은 원래 IDEO의 디자이너들이었다. 그러나 그들은 여러 기업의 요구에 맞춰 디자인을 진행하면서 아무리 멋진 디자인을 고안해도 그것만으로는 큰 성과를 올리지 못했다. 회사의 경영 자체에 관여하지 않으면 전체가 좋아지지 않는다는 것을 깨닫고 디자인 사고라는 개념을 만들어내기에 이르렀던 것이었다.

당사가 크게 바뀔 수 있었던 경위도 이와 똑같다.

창업 이래 약 20년간 당사는 제면기 제조업체로서 맛있는 면을 만들 수 있는 제면기의 제조·판매에만 모든 역량을 쏟았다. 그런데 아무리 노력해도 고객인 면 전문점 경영자의 사고방식이나 가게의 운영방법이 잘못되면 좋은 성과를 낼 수 없었던 것이다. 14년쯤 전에 자사에서 우동 가게를 운영하고, 우동 학교를 시작한 이후로는 그것을 더욱 확실히 알게 되었다.

비즈니스의 세계에서는 머릿속에서 생각한 대로 되지 않는 경우가 대부분이다. 가장 큰 이유는 '사람'을 대상으로 하고 있기 때문이다. 사람은 저마다 개성이 다르고 살아온 역사도 다르다. 따라서 당연히 열 명이 있다면 열 가지의 다른 사고방식과 다른 행동이 있다.

그런데 왕왕 고객은 똑같이 생각하고 똑같이 행동하는 것이라고 생각하고 똑같은 대응을 해버린다.

예를 들면 당사의 경우도 모든 고객에게 같은 DM을 보내고 같은 제면기를 판매하고 있었다. 고객의 니즈는 제각기 다른데 한 가지 패턴의 사고, 한 가지 패턴의 행동으로 대응한다면 고객의 반응이 좋지 않거나 클레임이 발생하는 것은 당연할지도 모른다.

한편 IDEO의 접근 방식은 통상적인 컨설팅 회사와는 달리 인지심리학, 문화인류학, 사회학 등의 전문가 팀이 사실을 관찰하는 것에서부터 시작된다. 클라이언트 기업의 의뢰에 맞춰 상품이 사용되는 방법이나 유저의 행동 패턴을 다양한 각도에서 철저하게 관찰하는 것이다.

그런 의미에서는 프로세스 컨설팅에 가까운 접근 방식이고, 실제로 그들은 최근 기업 변혁이나 혁신을 가져오는 프로세스 컨설팅도 시작했다.

이처럼 디자인 사고는 모든 것을 리셋하여 제로베이스로 되돌리고, 현실에서 일어나고 있는 현상, 즉 '고객은 왜 그런 행동을 취할까?'를 정확하게 파악, 분석하여 최적의 답을 이끌어내는 것이다. 다시 말해서 디자인 사고의 프로세스는 철저한 관찰, 그 후의 사고, 시작試作, 실험, 다시 사고라는 깊은 사고의 반복으로 성립되는 것이다.

실제로 디자인 사고를 실천하려고 한다면 지금까지의 인식 방법을 모두 의심해야 한다. 고객의 행동분석이라면 우선 고객의 행동을 깊이 관찰하고 고객이 왜 그런 행동을 하는지 깊이 생각한다. 그리고 생각한 것을 빨리 실행에 옮기고, 작은 실패를 되도록 많이 되풀이한다. 그렇게 가설을 세우고, 가설을 검증하기 위해 실행하고, 생각하면서 다시 실행하는 것을 반복하고, 그 속도를 서서히 높여서 가능한 한 빨리 정답을 찾아내는 것이다.

지금과 같은 변화가 심한 시대에는 이러한 접근 방식이 매우 중요하다. 특히 한 업종에 수십 년 동안 종사해온 사람에게는 필수불가결이다. 왜냐하면 고정관념에 얽매이기 쉽기 때문이다.

예를 들면 당사의 경우, 제면기의 제조·판매를 30년 이상 해오고 있기 때문에 자칫하면 '제면기란 이런 것이다.'라는 고정관념에 얽매일 수도 있다.

시대의 변화에 대응하려면 고정관념의 타파가 선결과제다. 제조업이든, 소매업이든, 서비스업이든 고정관념을 타파하지 않으면 시대의 변화를 따라잡을 수 없다.

면 전문점에 한정해서 생각하면 세상에는 많은 우동 가게, 메밀국수 가게, 라면 가게가 있고, 같은 가게가 같은 장사를 하고 있다. 그리고 이들 가게 대다수가 시대의 조류에서 뒤처지려고 하고 있다. 그래도 여전히 '우동 가게는 옛날부터 이런 것.' '메밀국수 가게란 이런 것.'이라고 생각하고 있다면 이것이야말로 "고정관념에 사로잡혀 있다."고 말할 수밖에 없다.

앞으로 다가올 시대에 면 전문점을 제대로 운영하려면 고객의 니즈에 맞춰야 하고, 제로베이스에서 생각하고 준비할 필요가 있다. 그러기 위해서는 유연한 머리로 유연하게 생각해야 한다. 성과는 새롭게 생각한 것을 통해서만 얻을 수 있다.

너무나 많은 사람들이 매일 아무 생각 없이 몸에 익은 단순한 작업을 하고 있다. 이것은 큰 과제임과 동시에 인간으로서 너무나 안타까운 일이다.

우리는 먹을 것을 자유롭게 고를 수 있다. 먹을 것뿐만이 아니라 행동도 선택할 수 있고, 사고도 선택할 수 있다. 자유롭게 좋아하는 것을 생각할 수 있고, 자유롭게 좋아하는 꿈을 꿀 수 있고, 어떠한 큰 꿈도 자유롭게 그릴 수 있다. 인간이란 완전히 자유롭고, 좋아하는 것을 할 수 있는 존재다.

그런데 어느덧 그것을 잊어버리고 과거의 기억, 습관, 타성의 연장선상에서 살고 있는 사람이 적지 않다. 지금이야말로 거기에서 빠져나와야 한다. 그것을 가능하게 하는 것은 깊은 사고와 자기 자신에게 던지는 질문이다.

왜, 무엇 때문에, 이걸 해야 하는 걸까……. 왜, 무엇 때문에, 이걸 하지 않으면 안 되는 걸까……. 깊은 사고와 자신에게 던지는 질문이 새로운 미래의 문을 열어준다.

과거의 연장선상에서 살아갈 필요는 없다. 새로운 미래의 가능성에 도전해야 한다. 새로운 미래는 이미 자신의 내부에 있다. 그것을 찾아내는 것은 깊은 사고와 자신에게 던지는 질문이다. 거기에 과거의 자신은 없다. 새롭게 다시 태어난 자신이 있을 뿐이다.

야마토 제작소의 이노베이션

당사는 2014년 10월 24일부로 창업 39주년을 맞이했다. 앞에서도 말했듯이 창업으로부터 40년 후의 기업 생존율은 고작 1%이다. 당사가 창업 이후 39년 동안 살아남으며 업계 점유율 1위가 될 수 있었던 것은 오늘까지 열 가지 항목 이상의 많은 이노베이션을 일으킨 것이 큰 이유 중 하나라고 생각한다.

그중에서도 중요한 것은 다음과 같다.

① 업계에서 최초로 우동 만들기의 다섯 가지 기능(믹서, 프레스, 롤, 커터, 면 정렬 장치)을 한 대에 담은 콤팩트하고 사용하기 쉬운 제면기 '신우치'를 개발한 것.

② 그때까지 사누키 우동 업계에 없었던 '숙성'의 개념을 만들어내서 숙성고 '네타로'를 발매한 것. 이것도 롱런하는 베스트셀러 상품.

③ 수타 우동을 완전 자동으로 만드는 대형 전자동 제면기를 개발하고 판매하기 시작한 것. 동시에 실험적인 면 공장을 창업하여 면의 연구개발을 좀 더 깊이 있게 했다. 그것이 오늘의 관련회사 '산쇼'가 되었다.

④ 최초의 사명 '면 전문점 번성 지원회사'를 명확하게 한 것. 이것의 결과로 연중무휴의 365일 메인터넌스가 시작되었고, 소형 제면기 시장에서 점유율 1위를 확보할 수 있었다.

⑤ '야마토 우동 학교'를 개교하고, 방부제 무첨가, 화학조미료 미사용(무화조無化調), 디지털 쿠킹을 확대한 것.

⑥ 직영 우동 가게 '기조안'을 개업하고, 우동 학교의 졸업생을 신규 개업 연수생으로 받아들이기 시작한 것.

⑦ 영업 부문, 면 학교 부문에 여성을 기용하기 시작한 것. 현재 당사의 여성 비율은 55%가 넘는다.

⑧ 라면 학교, 메밀국수 학교를 개교한 것. 라면 학교가 2013년 3월, 텔레비전 프로그램 〈캄브리아 궁전〉에 소개되었다.

⑨ 상권 분석을 개시하고 신규 개점, 기존점의 면 전문점으로서의 입지를 진단하기 시작한 것.

⑩ 전국 8개소의 '드림 스튜디오'를 고객과 가까운 곳에 개설했다. 드림 스튜디오의 콘셉트는 애플 스토어와 마찬가지로 고객의 제면 체험의 장. 모든 거점에서 여성 인스트럭터가 최고로 맛있는 면 만들기를 지도하고 있다.

이와 같은 이노베이션을 일으킨 각각의 항목을 검토해보면 하나하나가 모두 당사의 성장에 매우 중요한 역할을 한 것을 알 수 있다. 결과적으로 필요한 시기에 필요한 대책을 강구했다는 것을 알 수 있다.

이처럼 과거의 족적을 꼼꼼하게 돌아보면 당사가 앞으로 어떤 것에 도전해야 하는지 자연스럽게 보이게 된다.

그런데 당사가 지금까지 수많은 이노베이션을 지속적으로 일으킬 수 있었던 것은 무엇 때문일까? 그 이유를 알아보면 다음과 같다.

① 제면기 업계에서는 신참이었기 때문에 과거의 업계 상식에 일체 얽매이지 않고 매우 신선한 눈으로 업계를 볼 수 있었던 것. 타 분야에서 참여한 터라 요리 세계에서 디지털 쿠킹을 만들어 낼 수 있었던 것.

② 면에 대해 대단한 열정을 갖고 있었기 때문에 맛있는 면을 깊이 있게 연구했던 것.

③ 관련된 것에 폭넓게 관심을 가질 수 있었기 때문에 조기에 면학교를 개교하고 지속적으로 레벨을 높인 것. 상권분석 등에 몰두할 수 있었던 것.

④ 제면기 비즈니스의 본질을 조기에 이해할 수 있었던 것.

⑤ 늘 환경의 변화에 주의를 기울이고 있었던 것.

⑥ 늘 타 업종의 성공사례를 눈여겨보고 있었기 때문에 '드림 스튜

디오'를 설치할 수 있었던 것이나 여성을 많이 기용할 수 있었던 것.

⑦ 안심 영역에 만족하지 않고 늘 안심 영역에서 발돋움하며 나오려고 노력하고 있는 것.

⑧ 늘 문제의식을 갖고 현상에 만족하지 않은 것.

이상과 같은 것들이 그 요인일 것이라고 생각한다. 이에 대해 지속적으로 이노베이션을 일으키기 위해 드러커가 요구하는 것은 다음의 일곱 가지 항목이다.

① 예기치 않은 사건(예기치 않은 성공, 예기치 않은 실패, 예기치 않은 고객으로부터의 요구)에 주의한다.

② 차이를 찾는다(업적의 차이, 인식의 차이, 가치관의 차이).

③ 니즈를 찾는다(원츠Wants가 아니라 니즈Needs).

④ 산업 구조의 변화를 파악한다(급격하게 성장하고 있는 업계).

⑤ 인구 구조의 변화에 주목한다(연령적, 세대적, 성별적).

⑥ 인식의 변화를 파악한다(결혼연령, 건강, 전직, 이혼).

⑦ 새로운 지식을 활용한다.

이미 눈치 챘겠지만 당사가 이노베이션을 지속적으로 일으킬 수 있었던 이유와 매우 유사하다는 것을 알 수 있다.

이어서 드러커가 말하는 이노베이션을 위해 해야 할 행동은 다음과 같다.

① 기회 분석부터 시작한다(항상 앞의 일곱 가지 시점을 갖고 행한다).
② 반드시 밖으로 나와서 보고 고객의 목소리를 듣는다.
③ 집중한다(동시에 여러 가지를 하지 않는다).
④ 작게 시작한다.
⑤ 최고를 목표로 한다.

이중에서 '최고를 목표로 한다.'는 절대로 빼놓아서는 안 된다고 생각한다. 어쨌든 최고를 목표로 삼아서 질주해야 한다.

다음으로 중요한 것은 현상에 만족하지 않고 문제의식을 갖는 것이다. 그렇게 하면 해결책이 저절로 찾아온다.

그리고 무엇보다도 중요한 것이 이노베이션 체질을 유지하는 것이다. 사내가 항상 벤처기업과 같은 젊고 유연한 조직인 것이 중요하다.

그리고 마지막으로 드러커가 지적하는 이노베이션의 성공 조건은 다음과 같다.

① 이노베이션은 매일매일 하는 일에 도입해야 한다.

② 이노베이션은 강점을 기반으로 해야 한다.

③ 이노베이션은 경제, 사회, 업계, 생활을 바꾸는 것이어야 한다.

위의 세 가지 조건을 처음 알았을 때 바로 떠오른 것은 애플의 스티브 잡스였다. 그가 한 일은 확실히 이노베이션 자체였다.

그런데 이노베이션을 깊이 들여다보면 재미있는 점을 알 수 있다. 예를 들어 iPod, iPhone, iPad 등 애플의 일련의 상품은 모두 이노베이션의 결과물인데, 어느 것이나 베스트셀러로 롱런하는 상품들뿐이다. 이노베이션을 일으킨 상품에는 훌륭한 콘셉트가 적용되어 있어서 상품수명이 긴 것이다. iPod이 개발되기 전에는 소니의 워크맨도 오랜 세월 애용되었다.

당사의 우동용 제면기 '신우치', 라면용 제면기 '리치멘', 메밀국수용 제면기 '반도타로', 숙성고 '네타로'도 상품수명이 긴 롱셀러 상품이다.

이노베이션을 일으키면 소수의 상품으로 승부할 수 있다. 애플과 소니를 비교해보면 그 이유를 쉽게 알 수 있을 것이다. 이노베이션을 일으키기 위해서는 압축, 집중이 불가결하다. 그만큼 상품이나 기술의 정밀도가 현격히 높아지고, 결국 소수의 상품으로 승부할 수 있게 된다.

늘 사회를 크게 바꿀 만한 이노베이션의 기회를 찾는 것이 경영자로서의 필연적인 일이라고 인식을 새롭게 하고 있다.

이노베이션을 어떻게 일으킬 것인가

드러커 매니지먼트를 형성하는 2대 테마는 마케팅과 이노베이션이다.

그중 하나인 이노베이션이란 무엇일까? 솔직하게 말하면 이것은 '과거와의 단절'이다. 요컨대 '과거의 세계와 인연을 끊고, 내일을 창조하는 것'이다.

고객은 늘 상품이나 서비스의 개선·개량을 기대한다. 그 기대에 맞춘 상품과 서비스를 세상에 내놓아도 그것을 이노베이션이라고는 말하지 않는다. 이노베이션이란 과거의 개선·개량이 아니기 때문이다.

그럼 어떻게 하면 이노베이션을 일으킬 수 있을까? 이노베이션을 일으키는 수순을 이해하기 위해서는 무도武道를 마스터하는 수법인 '수守·파破·리離'의 순서와 방법이 이해하기 쉬운 참고가 될 것이라고 생각한다.

수 · 파 · 리는 글자 그대로 '수'와 '파'와 '리'의 프로세스로부터 성립된다.

수 …… 스승이나 선배를 완벽하게 모델링(Modeling : 흉내)한다.

파 …… 완벽하게 흉내 낼 수 있는 모델링 상태에서 조금씩 자신의 생각을 집어넣어서 개량(Modify)한다.

리 …… 개량한 파의 상태에서 완전히 벗어나 독자적인 것(Innovation)을 만들어낸다.

우선 '수'에 대해서 말하면 이 단계에서는 철저하게 '자기'를 버리고 솔직해지는 것이 요구된다. 자기가 들어가 버리면 완전한 모델링을 할 수 없게 되기 때문이다. '수'를 완벽하게 실행하기 위해서는 자기를 버리고 솔직해져서 스승의 보이지 않는 부분까지 완벽하게 모델링해보는 것이 필요하다.

그런 식으로 매일매일 모델링을 반복하다 보면 자연스럽게 자신의 강점, 특징에 맞는 방법을 발견할 수 있다. 그런 다음 다른 서적이라든가 관계가 있는 다양한 노하우를 접하는 것에 의해 새로운 것을 발견하게 되고, 그것들이 조합되기 시작한다. 이 과정이 '파', 즉 Modify에 해당하는 부분이다.

그리고 이것이 더욱 진전되면 스승에게 배운 방법에서 탈피하여 자기 자신의 독자적인 이론, 개념, 방법이 만들어진다. 이것이 '리', 즉 스승에게서 완전히 벗어난 Innovation에 해당하는 부분이다.

'수ㆍ파ㆍ리'는 불교에서 유래된 말로 검도에서 주로 쓰이는 용어이지만, 이노베이션의 수순으로서 매우 이치에 맞는 수법이라고 생각한다.

여기서 한 가지 주의해야 할 것이 있다. 그것은 상품이나 서비스로 팔기 시작하는 것은 '수'나 '파'의 단계에서가 아니라 반드시 '리'의 단계에서여야 한다는 것이다.

왜 그럴까? 앞으로는 이노베이션이 실현된 상품이 아니면 상품이나 서비스로서 성공할 수 없기 때문이다.

이노베이션이란 앞에서도 말했듯이 과거와의 단절이다. 그러나 갑자기 과거와 단절하는 것은 좋은 방법이 아닐 뿐만 아니라 현실적으로도 곤란하다. 따라서 보통은 모델링, 요컨대 카피부터 시작한다. 그리고 이어서 '파', '리'와 같은 식으로 '수' '파' '리'를 반복하다 보면 진화해가는 자신을 실감할 수 있을 것이다. 우리가 인생에서 성공하려면 끝없이 이 과정을 반복해야 한다.

이노베이션을 일으키는 씨앗은 우리 주변에 널려 있다. 그러나 그것을 의식하지 않으면 눈앞에 있는 씨앗을 알아보지 못하고 기회를 놓치고 만다. 그렇기 때문에 늘 감성을 갈고닦으면서 안테나를 펼치고 있어야만 하는 것이다.

이노베이션의 씨앗이 찾아오기 전에는 다음과 같은 징후가 있다고 드러커는 말한다.

① 예기치 못한 고객, 예기치 못한 고객으로부터의 요구가 있다.
② 예기치 못한 성공, 예기치 못한 실패가 있다.
③ 새로운 사업 기회가 생긴다.

이런 때야말로 이노베이션을 일으킬 절호의 기회라는 것이다.

당사에서도 신규 고객이 제면기 구입을 원할 때가 있다. 얼마 전, 면 비즈니스를 신규 사업으로 검토하고 있다는 복지시설에서 문의를 받았다. 복지시설이 왜 면 비즈니스를 하려는 것일까? 의아한 마음에 물어보자 "국가에서 나오는 보조금이 앞으로 없어질 것이라고 예상하고 자립하기 위한 새로운 비즈니스로서 면 비즈니스를 검토하고 있다."는 대답이 돌아왔다. 나는 생각이 번쩍 들었다.

'자립에 쫓기고 있는 것은 여기뿐만이 아니다. 어느 복지시설이나 이 문제로 고민하고 있을 것이다.'

나는 즉시 전국에 흩어져 있는 복지시설에 면 비즈니스를 제안했고, 그 결과 전국의 많은 복지시설에 제면기를 팔 수 있었다.

이처럼 예기치 못한 고객으로부터 받은 요청에는 이노베이션의 씨앗이 감춰져 있다. 그것을 어떻게 발견할까? 그러나 발견한다 해도 발견한 것만으로는 이노베이션을 일으킬 수 없다. 회사나 조직을 이노베이션 체질로 바꾸지 않으면 이노베이션을 일으킬 수 없는 것이다.

그럼, 어떻게 하면 이노베이션 체질로 바꿀 수 있을까? 이노베이션 체질로 바꾸기 위해서는 어떤 장치가 필요하다.

이것에 대해 드러커는 네 가지 질문을 했다.

① 이노베이션을 가능하게 하기 위해 무엇을 폐기하는가?
② 기회를 체계적으로 추구하고 있는가?
③ 기회를 실현하기 위한 프로세스를 밟고 있는가?
④ 이노베이션을 위한 전략이 사업전략과 합치하는가?

이중에서 의외랄까, 참신한 울림으로 나에게 다가온 것은 첫 번째 질문이었다. 왜냐하면 그때까지 나에겐 '폐기'라는 개념이 없었기 때문이다. 생각해보면 당연한 말인데 쉽게 할 수 없는 참신한 사고방식이었다.

무언가 새로운 비즈니스를 시작할 때 우리는 왕왕 지금까지 해온 비즈니스를 남겨둔 채 새로운 비즈니스에 착수하려고 한다. 그러면 사람 · 물건 · 돈이라는 경영 자원이 부족해서 결국 지금까지의 일도 새로운 일도 모두 망할 위험성이 높아진다.

그렇게 되지 않는 방책으로서 드러커는 다음의 질문을 스스로에게 던질 것을 권하고 있다.

① 지금 그 사업을 하고 있지 않아도 거기에 인재와 자금을 투입하여 그 사업을 시작하겠는가?

② 이노베이션을 위한 사고와 방법을 제약하고 있는 것은 아닌가?

③ 최고의 인재에 이노베이션의 기회를 제공하고 있는가? 어제의 문제, 어제의 제품에 매달리게 하지 않는가?

이노베이션을 지속적으로 일으키기 위해서는 사내에 변화를 환영하는 사풍을 키워야 한다. 그러기 위해서는 모든 종류의 인센티브, 고용보장, 평가제도, 지원제도를 동원할 필요가 있다.

이노베이션을 특별한 것이 아니라 부단하게 행해야 하는 체계, 몸에 익혀야 하는 체계로 이해하고 있던 드러커는 그러기 위한 방법을 다음과 같이 나타내고 있다.

① 스스로의 존속에 관련된 것으로서 이노베이션의 기회를 찾고 있는가?

② 이노베이션을 위한 일곱 가지 기회를 체크하고 있는가?

드러커가 말하는 일곱 가지 기회란,

a. 예기치 못한 일(예기치 못한 고객, 예기치 못한 성공, 예기치 못한 실패).

b. 산업 구조의 변화와 지역 간 격차(인터넷의 급격한 발달에 의한 산업구조, 고객, 고객 가치, 기술의 변화와 격차).

c. 차이의 존재(인식, 모순, 고객의 니즈, 프로세스에 있어서의 고객과 기업의 차이).

d. 니즈(고객 자신조차 깨닫지 못한 잠재의식에 있는 니즈. 무언가가 결여되어 있을 때, 곤란할 때, 효과적으로 기능하고 있지 않을 때, 거기에 이노베이션의 기회가 있다).

e. 인구, 세대구성, 연령구성, 남녀 비율의 변화.

f. 인식의 변화(누구나 인터넷을 위화감 없이 사용하는 시대가 되었다).

g. 새로운 지식(새로운 지식의 발견이 시장을 변혁시킨다).

이상과 같이 이노베이션은 높은 의식을 갖지 않으면 일으킬 수 없다. 높은 의식, 바꿔 말하면 최고의 자리에 설 '뜻'이 없는 한 사회나 업계에 임팩트를 주는 혁신은 일으킬 수 없는 것이다.

그리고 중요한 것은 이노베이션은 최고경영자만의 일이 아니라는 것이다. 모든 직원이 늘 노력해야 하는 일, 그것이 이노베이션이고, 그러기 위해서 회사나 조직을 이노베이션 체질로 바꾸어 늘 공격적인 사풍을 만들어내야 한다.

마케팅이란 열광적인 팬 고객 만들기

엔지니어 출신인 내가 제일 서툰 것은 영업, 판매, 그리고 마케팅이었다. 엔지니어라는 자부심이 내 속에서 이런 분야들에 대한 그러한 의식을 키우고 있었는지도 모른다.

영업이란 자사가 팔고자 하는 물건을 파는 활동이다. 그에 비해 마케팅 활동은 고객이 진짜 원하고 있는 물건, 필요한 물건을 찾아내는 활동이다. 따라서 영업이나 판매 활동은 결코 고객을 만족시키는 활동이 아니고, 진지하게 CS(고객만족도 향상)를 생각하고 있다면 마케팅 활동이야말로 그러한 활동을 대신할 만하다.

나는 홍보비를 쓰는 영업·판매 활동은 앞으로 불필요해지고, 그 대신 마케팅이 영업·판매 활동의 중심적 역할을 담당하게 될 것이라고 생각한다.

그 점에 대해서는 드러커도 "마케팅과 이노베이션이 서로 관련되어 기업의 내일을 만든다."고 말한 바 있다. 그만큼 이노베이션과 마케팅은 기업 활동에 있어서 중요하다.

그럼 마케팅이란 원래 무엇일까?

위키페디아에 의하면 "마케팅이란 기업이나 비영리조직이 행하는 모든 활동 중에서 '고객이 진짜 원하는 상품이나 서비스를 만들고, 그 정보를 보내 고객이 그 상품을 효과적으로 구할 수 있게 하는 활동'의 모든 것을 나타내는 개념이다."라고 되어 있다.

그리고 "일반적인 기업 활동 중에서 상품과 서비스 자체의 기획·개발·설계나 브랜딩에서부터 시장조사·분석, 가격설정, 광고·선전·홍보, 판매촉진, 유통, 머천다이징, 점포·시설의 설계·설치, (이른바) 영업, 집객, 접객, 고객의 정보 관리 등에 이르는 넓은 범위에 있어서 마케팅 믹스의 4P나 4C의 활동이 이루어지고 있다."는 것이다.

마케팅의 본질을 이해하기 쉽게 말하면 아래와 같다고 생각한다.

① 고객을 자사의 열성적인 영업자로 만들어서 결과적으로 영업이나 판매 활동을 제로로 하는 것.
② 마케팅이란 단순한 고객 창조가 아니라 열광적인 팬 고객을 만들고, 지속적으로 늘리는 기업 활동.
③ 마케팅이란 고객에 대해 리더십을 갖는 것.
④ 마케팅이란 고객에 대한 가치 창조.

⑤ 고객의 목적을 달성하여 행복한 상태를 만들어내는 모든 커뮤니케이션 활동.

이러한 마케팅 활동을 실천하여 큰 성공을 거둔 사례 중 하나로 할리데이비슨이 있다.

한때는 혼다 등 일본의 대형 오토바이에 밀려 도산의 위기에까지 몰린 할리데이비슨이지만 열광적인 할리데이비슨의 유저 단체, HOG(할리 오너스 그룹)가 1983년에 결성되자 팬 조직이 순식간에 전 세계로 확대되었다. 이후 본국인 미국은 물론 전 세계의 대형 오토바이 시장에서 확고부동한 점유율 1위 자리를 차지하기에 이르렀던 것이다.

예스럽고, 고장이 많고, 시대에 뒤떨어진 메커니즘에 가격까지 터무니없이 비싼 대형 오토바이가 열광적인 고객을 아군으로 끌어들임으로써 도산의 위기에서 벗어났을 뿐만 아니라 급기야 세계 시장에서 점유율 1위로 우뚝 선 것이다.

앞으로의 마케팅에 있어서 열광적인 팬 고객을 만드는 것이 얼마나 중요한지 잘 보여준 예다. 가격이 비싸다고 해서, 혹은 싸다고 해서 우왕좌왕하는 고객을 아무리 만들어봐야 강한 기업은 될 수 없다.

할리데이비슨 이상으로 열광적인 팬 고객을 만드는 데 뛰어난 수완을 발휘한 것은 디즈니랜드와 애플이다.

디즈니랜드에는 열광적인 고객을 만드는 것과 관련되어 셀 수 없을 정도로 많은 전설이 있다. 최근 '드림 스튜디오 후쿠오카'에서 개최한 세미나에 참가하신 분에게 들은 이야기이다. 그분은 디즈니랜드에 가서 특산품 과자를 사서 돌아왔다고 한다. 그런데 돌아와서 꼼꼼히 살펴보니 캔이 조금 찌그러져 있었다. 즉각 디즈니랜드에 전화하자 바로 교환해주겠다는 답변이 돌아왔다. 아마도 대체품을 보내주겠지 하고 생각하고 있었더니, 웬걸 도쿄에서 규슈까지 일부러 대체품을 갖고 직원이 직접 찾아왔다고 한다.

과자 캔이 조금 찌그러졌을 뿐이고, 게다가 사서 돌아오는 길에 고객이 찌그러뜨렸을지도 모르는데 일부러 규슈까지 가지고 왔다는 것이다.

이 서비스에 몹시 감명을 받은 그는 이 이야기를 세미나에서 발표했다. 그러자 그 자리에 있던 40명 이상의 참가자들도 감격하여 지인과 친구들에게 이 이야기를 전했다. 나도 메일 매거진에 써서 많은 독자들에게 알렸다.

만약 그냥 대체품을 보내기만 했다면 이렇게 널리 알려지지 않았을 것이다. 게다가 지금은 인터넷 시대이기 때문에 좋은 이야기든 나쁜 이야기든 전파의 속도에 가속도가 붙는다. 옛날에는 나쁜 일은 순식간에 퍼졌지만 좋은 일은 세상의 뜬소문으로도 퍼지지 않았다고 하는데, 지금은 다르다. 인터넷이 발달한 지금은 좋은 일도 순식간에 퍼진다.

일부러 먼 거리를 찾아가는 것은 비용이 든다. 그러나 그 비용을 훨씬 뛰어넘는 절대적인 효과를 발휘한다. 거기에는 눈앞의 손익계산 같은 건 일체 없다. 이처럼 고객의 기대를 훌쩍 뛰어넘는 감동적인 서비스야말로 열광적인 팬 고객을 만들어낸다.

마찬가지로 애플도 열광적인 팬 고객을 만들고 있다. 애플 컴퓨터는 이미 디자인 분야에서는 열광적인 팬 고객을 갖고 있었다. 그리고 iPod, iPhone, iPad에도 열렬한 팬 층이 있다. 나도 유저이지만 사용 편의성이 매우 뛰어나다.

디즈니도 애플도 상품력을 키워서 뛰어난 서비스 레벨로 고객을 계속해서 매료시키는 회사라 할 수 있다. 거기에는 일관성이 있고, 일체의 타협이 없다.

이렇게 생각하니 우리가 지금까지 이해하고 있던 아래와 같은 마케팅의 개념은 조금 낡고, 레벨이 낮은 것일지도 모른다.

① 자사가 팔고자 하는 물건을 파는 것이 마케팅이 아니라 고객이 진짜로 필요로 하고 있는 물건을 제공하는 것이 마케팅이다.

② 고객이 만약 이것을 갖고 싶다고 말해도 고객에게는 그것보다도 다른 물건이 좀 더 잘 어울린다는 것을 안다면 그쪽을 권한다.

③ 자사의 상품을 팔지 못해도 고객이 최선의 선택을 할 수 있도록 도와준다.

④ 고객이 원하는 물건이 항상 고객에게 최고의 선택이라고는 할

수 없다. 이 분야에 대해서는 프로페셔널인 우리가 리더십을 갖고 고객을 가이드해주는 것이 중요하다.

⑤ 마케팅 활동이란 고객에 대한 일종의 계몽 활동이고, 고객을 최고로 행복하게 해주는 활동이다.

⑥ 잠재의식에 있는 니즈에 부응하는 것이 중요하고, 이것에 부응하면 이노베이션이 일어난다.

이러한 것들도 최소한 필요한 것이긴 하다. 그러나 그보다도 열렬한 팬 고객을 많이 늘리는 것에 의해 경이적인 성과를 올리는 것이 가능해진다.

열렬한 팬 고객을 만드는 것이야말로 빛나는 미래를 만드는 지름길이다.

고객은 무엇을 원하고 있는가

우리의 비즈니스는 고객을 중심에 두고, 고객을 이해하고, 고객과 융합하는 것에서 미래가 시작된다. 그리고 기업의 성과는 고객과의 밀착도에 의해 결정되게 되었다.

과거의 비즈니스 관습으로는 고객은 기업 밖의 존재이고 우리가 이익을 얻기 위한 존재였다. 뿐만 아니라 한 번 구입한 고객은 클레이머Claimer(불평을 제기하는 사람-옮긴이)로 취급되는 시대이기도 했다. 그러나 앞으로는 '고객이야말로 기업을 구성하는 가장 중요한 존재이고, 비즈니스를 함께 배우는 파트너이다.'라고 인식해야 하지 않을까?

이러한 새로운 마인드 리셋이 비즈니스를 극적으로 변화시킨다.

함께 일하는 직원들도 마찬가지로 파트너이고 고객이다. 직원들과 고객, 양자의 차이는 돈이 흐르는 방향뿐이다.

이렇게 고객과 종업원의 경계를 없애가는 것이 앞으로의 비즈니스에서 요구되는 중요한 요건이라고 할 수 있다. 고객이 주도권을 잡게 된 이후로 상당한 시간이 경과되었고, 인터넷의 발달과 함께 고객은 좀 더 강하고 절대적인 존재가 되었다. 비즈니스의 성패를 좌우하는 요인은 모두 고객의 심층 심리이고, 그 결과로서의 언동이고 행동이다. 따라서 고객의 마음 깊숙한 곳에 있는 니즈에 초점을 맞추고 그것을 이해하면 할수록 빨리 가고 싶은 곳에 도달할 수 있다.

또 고객의 심적 변화의 속도는 시간의 경과와 함께 커지고 있다. 머슬로의 법칙이 말하는 낮은 단계의 욕구는 모두 충족되었고, 높은 단계의 욕구밖에 남지 않은 것이다. 고객이 원하는 것은 '마음의 충족감'이 되었다. 그 요구에 부응하여 레벨이 높은 마음의 충족감을 어떻게 충족시킬 수 있는가, 그것이 앞으로의 기업에 부과된 사명이 아닐까?

이러한 테마를 스마트하게 보여준 것이 애플의 창업자 스티브 잡스였다. 잡스가 제시해준 것은 우리가 잠재적으로 안고 있는 과제의 본질적인 해결 방법이었다.

소니의 '워크맨' 전성기, 그 무렵의 소비자가 안고 있던 잠재적이고 본질적인 다양한 문제를 해결한 iPod은 전 세계에서 선풍적인 인기를 끌었다. iPhone은 휴대전화를 쓰고 있는 사람들의 잠재적이고 본질적인 문제를 해결했기 때문에 이 또한 세계적인 히트 상품이 되었다. iPad도 마찬가지로 노트북을 쓰고 있는 사람들의 잠재적이고 본질적인 문제를 해결했다.

이렇게 애플은 고객이 안고 있는 잠재적이고 미해결된 문제를 해결함으로써 도산 직전의 상태에서 전 세계에서 주가가 가장 비싼 유복한 회사가 되었다.

그런데 대부분의 회사는 고객에게 초점을 맞추지 않고 자기 자신의 문제를 먼저 해결하려고 한다. 그렇기 때문에 아무리 시간이 흘러도 문제를 계속 안고 있게 된다.

무엇보다도 먼저 고객의 잠재적인, 아직 해결되지 않은 문제를 해결해야 한다. 이것이야말로 비즈니스의 철칙이다. 그러기 위해서는 고객에게 철저하게 초점을 맞출 수밖에 없다. 그것이 결과적으로 비즈니스에 가속도를 붙인다.

이바라키 현에 면류를 중심으로 한 '반도타로'라는 성공한 패밀리 레스토랑 체인점이 있다. 이바라키 현은 간토 지구에서도 시골이라 고령자가 많은 지역이다. 일본의 고령자는 돈을 갖고 있지만 이야기 상대가 없어서 외롭다고 생각하고 있다. 이것이 노인이 안고 있는, 아직 해결되지 않은 가장 큰 문제다.

반도타로는 이 점에 초점을 맞췄다. 모든 점포에 점장 외에 여성 점장을 두고 고객을 맞이하고 배웅했던 것이다.

가게의 콘셉트가 '인간사랑·부모효도'이기 때문에 당연히 여성 점장뿐만 아니라 전 직원이 노인을 공경했다. 이것이 노인들을 기쁘게 하여 노인들로 하여금 자식과 손자를 데리고 오게 하는 등 손님들로 북적북적한 성공한 가게가 되었던 것이다.

이처럼 반도타로는 노인들의 문제를 먼저 해결했다. 그 결과 자식들, 손자들의 문제도 해결되어 마침내 지역에서 가장 인기 있는 가게가 됨으로써 최종적으로 자사의 문제도 해결했던 것이다.

고객의 본질적인 문제를 해결하기 위해서는 고객이 안고 있는 본질적인 문제가 무엇인지를 이해해야 한다. 이것을 이해하려면 고객에게 초점을 맞추고 고객 이상으로 고객의 행동을 깊이 관찰하며 생각해야 한다.

고객의 이해에 대해 드러커는 다음의 네 가지 질문을 던졌다.

① 고객은 누구인가?
② 고객에게 가치는 무엇인가?
③ 그럼 당신은 무엇을 성과로 생각하는가?
④ 당신의 고객전략은 무엇인가?

본 장의 테마는 첫 번째인 '고객이란 누구인가?'인데, 기본적으로는 사명, 가치, 콘셉트를 공유해주는 사람이 고객이 된다.

현재의 중요한 요건인 콜라보레이션의 세계에서는 '누구를 고객으로 생각하고, 누구를 경쟁상대로 생각하는가?'라는 시점도 매우 중요하다. 고객과 경쟁상대는 언제든지 뒤바뀔 가능성이 있다.

그리고 다음 시점은 '고객이 아닌 것은 누구인가?'를 명확하게 하는 것이다. 모두가 고객일 수는 없다. 이미 고객이 되었어도 이탈할 수밖에 없는 고객도 있다. 진짜 고객이 아닌 사람들이다.

고객은 또 단독으로는 존재하지 않고 고객의 뒤에는 복수의 인간이 있다는 시점도 중요하다. 물건을 사는 데 영향을 주는 사람들은 모두 고객과 한 몸이라고 간주할 필요가 있다.

그리고 마지막 시점이 '논커스터머Non Customer(고객이 되어도 전혀 이상하지 않은데 고객이 되지 않은 사람)는 누구인가?'를 늘 찾아다니며 새로운 고객을 개척하는 것이다. 이것은 지금까지의 시점이 아닌 새로운 시점에서 오지 않는 이유를 찾아내야 하는 테마인데, 이것이 앞으로의 금광이 될 것이다.

이상과 같이 고객을 명확하게 하는 것이 기업의 질을 크게 바꿔준다.

'기호와 지향'의 변화,
시장을 확대할 수 있는 기회

최근, 외식산업을 보면 과거의 성공 패턴에서 벗어나고 있다.

도쿄 시내에서는 '나의 이탈리안' '나의 프렌치' 등과 같이 가치와 고품질을 지향하면서 가격이 합리적인 레스토랑이 급격하게 세를 확장하고 있다. 반대로 편의성을 지향하는 대형 체인점은 날이 갈수록 그 세가 줄어들고 있다.

이러한 사태의 배경에는 무엇이 있을까? 우리의 음식을 둘러싼 큰 사회적인 변화, 트렌드를 주의해서 볼 필요가 있다. 단, 큰 트렌드만을 보도록 하고, 일시적인 붐과 같은 작은 노이즈는 신경 쓰지 않는다.

외식을 둘러싼 큰 트렌드로는 다음과 같은 것을 들 수 있다.

① 저출산 · 고령화

② 1인 가구의 증가(일본의 1인 가구는 평균 32.4%. 2013년 통계청 발표 기준 한국의 1인 가구는 23.9%)

③ 건강 지향 · 다이어트

④ 먹기 쉬운 음식의 추구

⑤ 가치의 추구 : $V = P \div C$(P는 퍼포먼스로 상품력, 점포력, 서비스력의 합계, C는 비용)

⑥ 엔터테인먼트(즐거움)의 추구 : 실연 자가 제면

⑦ 아트(예술성)의 추구 : 점포 디자인, 푸드 스타일링, 복장

⑧ 사이언스(과학)의 추구 : 디지털 쿠킹, 저온조리, 채소의 50℃ 세척

⑨ 음식 비즈니스 = 요리×아트×사이언스×유머×철학

⑩ 택배, 배달의 확대

⑪ 격차의 확대 : 많은 사람들은 자신의 관심사만을 우선시하고, 그 외에는 절약하는 생활

⑫ 소비자의 선택 안목은 좀 더 고도화 : 인터넷이 발달한 결과

첫 번째의 '저출산 · 고령화'는 외식산업뿐만 아니라 모든 산업에 큰 영향을 미치고 있다.

자동차산업은 국내 판매가 정점이었던 거품 경제 시기인 29년 전과 비교하면 70%나 떨어졌다. 전 인구에서 차지하는 청년층의 비율이 줄어들면 자동차를 타지 않는 사람이 늘어나기 때문이다.

그에 비해 외식산업은 시장 규모로 보면 정점기(약 17년 전)의 29조여 엔의 80% 정도인 24조 엔이므로 자동차산업과 비교하면 낙폭이 크지 않고, 개별적으로 보면 경이적인 성공을 거둔 예도 적지 않다.

그 대표적인 예로서 하코다테의 햄버거 체인점인 '럭키 피에로'가 있다. 전국적으로 대형 햄버거 체인점에 의해 과점화가 진행되고 있는 와중에 하코다테에서는 럭키 피에로가 매장 16곳을 집중 출점하여 맥도날드(3개 매장)나 모스버거(2개 매장)를 물리치고 명실상부한 넘버 원이 되었다는 것은 이미 말한 바와 같다.

그럼 도대체 어떻게 럭키 피에로는 홀로 승자가 될 수 있었을까?

요인은 몇 가지가 있는데 그중 하나로 고령화에 대한 훌륭한 대응을 들 수 있다. 럭키 피에로는 전부터 경영 방침으로서 '55세 이상의 건강한 아주머니 대모집!'을 내걸고 중·고년 층 여성을 강력한 전력으로 채용하여 최대한으로 활용하고 있다. 고령화가 진행되고 있는 하코다테에서는 이것이 효력을 발휘해서 어느 매장이나 중·고년 층 손님들로 북적이고 있다.

이외에도 저출산·고령화 시대에 잘 대응하고 있는 예로는 앞에서 소개한 이바라키 현의 패밀리 레스토랑 '반도타로'를 비롯해 성공한 가게가 많다.

두 번째 '1인 가구의 증가'에 대해 알아보면 일본에서는 지금 1인 가구가 급증하고 있고, 전국 평균으로는 이미 32.4%(한국은 23.9%)에 도달했다고 한다. 이러한 경향은 앞으로 더욱 박차를 가하여 멀지 않은 미래에 1인 가구가 과반수를 차지하는 시대가 올지도 모른다.

그런 시대가 오면 비즈니스는 어떤 영향을 받을까? 20석 미만 정도의 규모가 작은 음식점에 대해 말하면 남성 손님을 타깃으로 한 카운터만 있는 가게가 경쟁우위에 서는 것은 틀림없을 것이다. 회전율이 올라가고 가족 손님은 별로 기대할 수 없기 때문에 테이블석을 마련하면 오히려 마이너스로 작용한다.

테이블석, 혹은 칸막이석이 있는 패밀리 레스토랑은 혹독한 상황에 처하게 될 것이다. 패밀리 레스토랑은 이름 그대로 가족 손님을 전제로 한 비즈니스 모델이다. 점포 구조도 가족 손님용 칸막이석이 주가 되고 있다. 그런데 5인 가구나 4인 가구는 갈수록 줄어들고 있는 상황이기 때문에 가족 구성원의 감소가 패밀리 레스토랑의 부진에 큰 영향을 주는 것은 누가 봐도 자명한 사실이다.

세 번째 '건강 지향·다이어트'에 대해서는 오랫동안 외식업계의 선두 자리를 고수해온 맥도날드가 서브웨이에 추월당한 것을 보면 쉽게 이해할 수 있을 것이다. 선진국에서는 건강 지향이나 다이어트는 세계적인 트렌드가 되었다.

이 분야에서 성공한 일본 내의 사례는 건강 지향의 뷔페다. 내가 아는 한 모쿠모쿠 농장이 경영하고 있는 '모쿠모쿠'가 그 선두에 서 있다. 건강 지향의 뷔페는 일본 전국에 퍼져 있는데 런치 가격이 보통 1,500~2,000엔 정도이고 어느 식당이나 여성 고객으로 가득하다. 여성 고객을 모으기 위해서는 건강과 다이어트는 빼놓을 수 없는 테마다.

네 번째 '먹기 쉬운 음식의 추구'. 이것도 앞으로의 외식산업에 있어서 큰 테마다. 수년 전에 난 처음 독일과 프랑스에 갔다가 깜짝 놀랐다. 독일인, 프랑스인의 주식은 빵, 따라서 음식 중에선 빵이 가장 많이 소비되고 있을 것이다. 그렇게 생각하고 슈퍼마켓의 식품 코너를 살펴보니 빵 매장보다 파스타 매장이 넓었다.

이유가 뭘까? 물어보니 빵보다 파스타가 훨씬 먹기 쉽기 때문이라고 한다. 빵과 파스타를 먹었을 때를 비교해보면 입 안에서 침과 함께 저작하여 목을 통과하는 것은 파스타 쪽이 훨씬 빨라서 먹는 것이 편하다.

그 말을 듣고 깨달았는데, 그러고 보니 요즘에는 마른오징어를 먹는 모습을 좀처럼 볼 수 없다. 내가 어렸을 때는 마른오징어를 자주 먹었는데 지금 아이들은 먹지 않는다. 필시 질겨서 먹기 어렵기 때문일 것이다. 쌀 소비량이 감소 추세에 있는 것도 다른 음식에 비해 먹기 어렵다는 것과 관계가 있다고 생각한다.

선진국에서는 고령화가 진행되어 저작 능력이 떨어진 노인이 늘어나고 있다. 그러면 당연히 먹기 쉬운 면류의 수요도 늘어난다. 먹기 쉬운 면류는 앞으로의 세상에서는 가능성이 꽤 높은 식품인 것이다. 고령자를 타깃으로 한 이바라키 현의 패밀리 레스토랑 '반도타로'가 메밀국수나 우동을 메인으로 하고 있는 것도 거기에 이유가 있다.

다섯 번째인 '가치의 추구'에서 생긴 것이 '나의 이탈리안' '나의 프렌치' 같은 레스토랑이다. 얼마 전으로 거슬러 올라가면 '하나마루 우동' '마루가메 제면' '스시로' 등도 여기에 해당한다.

여섯 번째 이후의 항목 중에서 특히 중요한 것은 열두 번째인 '인터넷의 발달'이다. 인터넷의 발달로 인해 외식업계도 큰 변화를 맞았다. 지금까지는 '양질의 레벨' '우수한 레벨'의 품질이면 쉽게 성공할 수 있었다. 그러나 지금은 이 정도의 레벨로는 성공할 수 없게 되었다. 경쟁 레벨이 로컬 레벨에서 순식간에 전국 레벨, 세계 레벨로 바뀌어 버렸기 때문이다. 따라서 60~80점 레벨의 상품력, 서비스력, 점포력으로는 성공할 수 없고, 항상 95점 이상의 높은 레벨이 요구되게 된 것이다.

지금은 프로 중의 프로만이 살아남을 수 있는 아주 냉혹한 시대다. 당사의 면 학교에서는 이 사실을 늘 학생들에게 전달하며 각오를 단단히 하고 임하도록 지도하고 있다.

강점을 강화하고, 약점을 강화하지 않는다

나는 시코쿠의 시골마을인 가가와 현 사카이데 시에서 태어나 철이 들 무렵에는 이미 됨됨이가 나쁜 아이라는 꼬리표를 달고 있었다.

나의 외가 쪽 사촌형제는 남자만 다섯 명이었기 때문에 모든 일에서 비교당하며 가장 됨됨이가 나빴던 나는 자주 무시당해서 어린 마음에도 분한 마음을 갖고 있었던 것을 아직도 또렷이 기억한다. 게다가 어렸을 때 결핵을 앓아서 유치원에도 가지 못했기 때문에 초등학교에 입학하고 나서도 집단생활에 적응하지 못하고 요즘 말로 하면 불량 아이들과 매일 놀러 다니는 쪽이었다.

그런데 그런 내가 백팔십도로 바뀌어서 공부를 좋아하게 되었다. 물론 그렇게 된 데에는 그럴 만한 계기가 있었다. 초등학교 4학년 때 어머니가 가난한 집안 살림에도 근처에 있던 주산 학원에 다니게 해주었던 것이다.

어머니의 권유에 따라 주산 학원에 다녀보니 의외로 재미있었다. 나는 점점 주산에 열중하기 시작했고, 2급까지는 무리 없이 승급했다. 그런데 2급에서 1급으로 올라가는 벽은 너무나 견고했고 난 항상 '전표'에서 실패했다. 결국 1급에는 합격하지 못했지만 '암산'을 잘했기 때문에 암산만은 수준급이었다. 덕분에 계산이 빨라져서 산수가 재미있어지기 시작했다.

그 무렵 주산과는 별도로 열중한 것이 하나 더 있었다. 모형비행기 만들기였다. 가벼운 대나무와 목제 기체에 종이를 붙이고 고무줄 동력으로 날려서 체공 시간을 경쟁하는 모형비행기 만들기에 밥 먹는 것도 잊고 나는 푹 빠져 있었다. 비행기뿐만이 아니라 보트 같은 모형 만들기에도 열중했다.

그러는 동안 공부 전체가 재미있어졌고 조금씩이지만 성적도 올라갔다. 그렇게 되자 학교에 다니는 것도 재미있어졌다. 소위 선순환이 시작된 것이다. 중학교 3학년 때 학생회장에 입후보한 것도 그리운 추억이다.

그리고 진학. 나는 만들기에 재능이 있다는 걸 알고 있었기 때문에 그 무렵에 막 개교한 다카마쓰 공업고등전문학교의 기계공학과에 진학했다. 공업고등전문학교(공전)라는 특수한 학교 제도는 전후戰後 고도 성장기에 맞춰 이공계 사회인을 육성하기 위해 급조된 교육 제도로 전국의 각 현에 1개교씩 배치되었다.

나는 다카마쓰 공전이 개교하고 3년째 되던 해에 입학했다. 입학했을 무렵에는 아직 교사도 완전히 지어지지 않았고, 체육관도 없었다. 그 때문에 다카마쓰 시내의 가가와 대학교 도장까지 검도 연습을 하러 다녔다.

그 무렵의 다카마쓰 공전에는 독특하달까, 교사답지 않은 선생이 많았다. 그도 그럴 것이 갑작스럽게 만들어진 학교였으니 선생 수가 부족해서 민간에서 등용할 수밖에 없었기 때문이다. 그중에는 그야말로 전대미문의 선생이 대다수였고, 교과서를 따라 가르치는 것이 아니라 교과서에서 벗어나 남자들의 세계라든가 실제 사회의 이야기를 자주 들려주곤 했다. 물론 전문분야에 대해서도 엄격하게, 또 열심히 가르쳐주었다.

그 시절의 나는 자유롭게 발언하거나, 독특하게, 진지하게, 그리고 즐겁게 살아가는 방법을 많은 선생님들로부터 배울 수 있었다고 생각한다.

지금 뒤돌아보면 공전에 다니던 그 시절에 인격의 기초를 다졌다는 생각이 강하게 든다. 나는 지금 야마토 면 학교에서 경영 강의를 하면서 면 전문점의 경영에 관련된 이야기는 물론 인간으로서의 생활방식을 학생들에게 말하고 있는데, 그것도 공전 시절에 생활방식의 중요성을 배울 수 있었기 때문이라고 생각한다.

생각건대 자신의 인생에서 가능한 한 빨리 자신이 잘하는 분야, 열중할 수 있는 분야, 다시 말해서 강점을 발견하는 것이 중요하지 않나 싶다.

나는 다행히도 비교적 빨리 내가 잘하는 것은 만들기라는 것을 깨달았다. 만들기 중에서도 특히 비행기 만들기에 도전하고 싶은 생각이 굴뚝같아서 나는 공전 졸업 후 한 치의 망설임도 없이 가와사키 중공업에 입사 원서를 냈다.

나는 그때까지 쭉 기계적인 것을 좋아한다고 생각했다. 그런데 창업한 후 제면기 제조·판매 사업을 하게 되자 기계 같은 딱딱한 분야뿐만 아니라 면 같은 부드러운 분야, 디자인이라든가 맛을 만들어내는 감성적인 분야에도 소질이 있다는 것을 알게 되었다. 그 연장선상에서 푸드 스타일링, 맛 연구에도 흥미가 생겼다. 디자인이라든가 만들기 전반이 나의 흥미 범위에 들어온 것이다.

회사를 디자인한다(전략)든가, 책을 쓰는 것도 만들기의 일환으로서 즐거운 일이 되었다.

이렇게 잘하는 분야가 넓어짐에 따라 그동안 나에게 있어서 서툰 분야였던 사람들 앞에서 이야기하는 것도 어느새 조금은 자신이 생기게 되었고, 지금은 매월 2회 합계 4일간의 경영 강의도 학생들과 이야기를 주고받으면서 신나게 즐기고 있다. 나의 강점을 늘리기 위한 노력을 열심히 했더니 어느새 약점이 사라져버렸던 것이다.

이처럼 자신의 강점을 늘리는 것은 중요하다. 강점을 깊이 파고들면 약점은 그 강점에 둘러싸여서 보이지 않게 된다. 자신의 약점이 전혀 신경 쓰이지 않게 되고, 어느새 잊어버린다. 그리고 약점이 약점이 아니게 된다.

내 약점은 커뮤니케이션이었다. '어떻게 하면 이것을 극복할 수 있을까?', 나는 생각했다. 나의 강점을 활용하면 약점을 극복할 수 있지 않을까, 하고.

내 강점은 만들기다. 만들기의 요령으로 약점인 커뮤니케이션의 능력 부족을 해결하는 방법은 무엇일까?

'앗, 문장 만들기다. 우선은 문장 만들기부터 해보면 되지 않을까?'

메일 매거진을 쓰기 시작한 것은 그런 이유 때문이다.

그 메일 매거진도 벌써 8년 동안 거의 매일 꾸준하게 쓰고 있다. 이번 책의 출간에도 과거에 써놓은 메일 매거진이 얼마나 도움이 되었는지 모른다.

책을 출간하면 자신의 생각을 많은 독자들에게 전할 수 있다. 이것도 커뮤니케이션이다. 그 결과 많은 사람들이 면 학교에 참가하거나, 내 회사를 방문해준다. 이미 책을 읽은 경우에는 나에 대해 어느 정도 이해하고 있기 때문에 서로 대화가 활기를 띠며 커뮤니케이션이 성립되기가 쉬워진다.

이렇게 나는 매일 많은 글을 쓰고, 많은 사람들과 이야기하고, 커뮤니케이션을 하는 것이 그렇게 서툴지 않게 되었다. 강점을 더욱 강화하는 것에 의해 약점이 약점이 아니게 된 것이다.

그리고 거기서 더욱 많은 강점(자기 자신의 스페셜리티)을 늘리게 되었다. 이것들은 모두 자기 자신의 아이덴티티가 된다. 많은 아이덴티티로 자기 자신의 능력을 높이게 되는 것이다.

예를 들면 나의 아이덴티티는 다음과 같다.

① 기계 엔지니어

② 디자이너

③ 기계 제조사의 경영자

④ 식품 연구가

⑤ 수프, 다시물 연구가

⑥ 면 연구가

⑦ 요리 연구가

⑧ 전략가

⑨ 작가

⑩ 매니지먼트 연구가

⑪ 식품 제조사의 경영자

그리고 앞으로 익히고 싶다고 생각하고 있는 아이덴티티는 다음과 같다.

⑫ 무도 연구가

⑬ 영어 연구가

⑭ 이스라엘 문화 연구가

⑮ 인도 문화 연구가

⑯ 중국 문화 연구가

아이덴티티가 늘어날수록 인생이 즐거워진다.

전후 일본 교육은 평균점주의적인 일본인을 만드는 데 전념해왔다. 그로 인해 우리는 평균점주의에 익숙해져버렸다. 학창시절에는 평균점이 높은 사람이 좋은 평가를 받았지만 사회에 나오면 반대다. 평균점이 아무리 높아도 자기가 잘하는 분야가 없다면 좋은 평가를 받을 수 없는 것이다. 자기가 흥미를 갖고 있고 잘하는 분야를 찾아내어 꾸준하게 갈고닦아야 한다. 평생 동안 쭉.

그러면 몇 년 후에는 멋지게 변한 자신이 거기에 있는 것을 재발견할 수 있을 것이다.

세상을 바꾸는 것이 기업의 역할

드러커의 유명한 질문 중에 "어떻게 기억되고 싶은가?"가 있다.

세상에 어떤 족적을 남기고 싶은가와 같은 의미다. 살아온 증표로서 족적을 남길 수 있다면, 생명이 있는 존재로서 통쾌한 일이지 않을까? 그러나 평범한 일로는 족적을 남길 수 없다. 우선은 여타 많은 사람들과 같은 생활방식을 버려야 한다. 세상에 가장 많이 존재하는 것은 보통 사람, 보통 회사다. 그 속에 매몰되어버려서는 안 된다.

그럼 보통 사람, 보통 회사가 되지 않기 위해서는 어떻게 하면 될까? 생각나는 대로 적어본다.

① 뛰어난 개성을 만든다.
② 과거와의 단절인 이노베이션을 평소 하는 일에도 도입한다.

③ 뛰어난 개성을 발휘하는 프로 중의 프로 팀을 편성한다.

④ 높은 위치에서 항상 비즈니스의 전반을 둘러보고, 미래에 초점을 맞춘다.

⑤ 불가능을 가능하게 한다.

⑥ 스피드를 소중히 여기면서 어떤 일을 숙성시키기 위해 필요한 인내력도 겸비한다.

⑦ 늘 세계 1등을 목표로 한다.

⑧ 잘하는 분야의 열정이 있는 일에만 집중한다.

⑨ 작은 실패를 빨리, 많이 경험하고, 큰 성과로 연결시킨다.

⑩ 도전하는 사람, 저돌적으로 일하는 사람을 소중히 여긴다.

⑪ 눈앞의 손익이 아니라 영원한 번영을 선택한다.

⑫ 항상 큰 목표에 꾸준히 도전하는 DNA가 있다.

⑬ 흘러넘칠 정도로 열정을 갖고 있는 사람과 조직을 만들어낸다.

⑭ 항상 역사를 바꿀 만한 상품력으로 승부한다.

⑮ 조직을 깨끗하고 단순하게, 이해하기 쉽게, 책임의 소재를 명확하게 한다.

⑯ 직원이 늘 능력을 키우고 성장할 수 있는 조직으로 만든다.

⑰ 인생을 걸고 후회하지 않는 회사를 목표로 한다.

⑱ 개개인이 가지고 있는 능력을 120% 발휘하는 회사로 만든다.

세상에 큰 임팩트를 줄 수 있는 회사는 경영 수법에 두드러진 특징이 있다. 그 재미있는 사례가 2010년 11월호《닛케이 비즈니스》에 실렸다. 스웨덴의 의류 제조·판매회사 H&M이 아주 독특한 경영으로 성공하고 있다는 것이다.

일본에서는 유니클로가 거의 같은 모델로 성공하고 있지만, H&M은 매출액이든, 이익률이든 유니클로를 훌쩍 뛰어넘는 세계적인 우량기업이다.《닛케이 비즈니스》는 H&M이 강한 이유로 다음 세 가지를 들고 있다.

① NEXT ME …… 상사의 역할은 자신을 대신해줄 다음 인재를 키우는 것이다.
② 과거는 묻지 않는다 …… 과거의 학력, 경험 등은 일체 묻지 않는다.
③ 복직 OK …… 몇 번을 그만두고 돌아와도 상관하지 않는다.

이것만으로도 충분히 독특하지만, 좀 더 주목할 만한 것이 있다. 여성 직원의 비율이 80%이고, 게다가 임원의 70%를 여성이 차지하고 있다는 것이다. 패션 관계 기업이라 여성의 비율이 높은 것은 어느 정도 이해할 수 있지만 그래도 너무 높다.

극단적으로 말하면 H&M은 여성이 운영하고 있는 회사라 할 수 있다. 그만큼 여성에 대한 복지 혜택이 좋아서 언제든 장기간의 출산 휴가를 가질 수 있는 시스템이 마련되어 있다고 한다. 'NEXT ME'로 항상 자신을 대신해줄 부하를 키우고 있기 때문에 그것이 가능하다는 것이다.

부문장도 출산휴가를 갖는다. 여성뿐만이 아니라 남성도 아무렇지 않게 출산휴가를 낼 수 있는 시스템으로 되어 있다. 이 회사는 전 세계로 진출한 회사인데 글로벌 기업이 되기 위해서는 이러한 것은 빼놓을 수 없을 것이다.

나는 당시 이 기사를 보고 당사도 3년 후에는 여성 비율을 50%로 만들고 싶다고 생각했다. 당시의 직원은 70명. 그중 여성은 40%였다. 현재는 약 80명이고 여성 비율은 55%. 임원으로도 여성을 등용하고 있다.

당사가 크게 변화하기 시작한 것은 여성 직원을 간부로 등용하기 시작한 10년쯤 전부터다. 지방에 있는 중소기업의 경우 여성 직원을 채용해도 중요한 일을 맡기지 않는 기업이 많은 모양이지만 당사에서는 여성이 중요한 일을 맡고 있다.

지금 이 시점에서 같은 나이의 남녀를 비교하면 일반적으로 여성쪽이 뛰어나다고 한다. 여성은 일반적으로 일관성이 있고, 타협하지 않는다. 책임감이 강하고, 인내심이 강한 사람이 많다. 세상의 일반 기업은 왜 여성을 등용하지 않는지 나로서는 의아할 뿐이다. 좀 더 등용해야 한다고 생각한다.

우동, 메밀국수, 라면 가게와 같은 면 전문점에서는 여성의 비율이 높지만, 파트타임, 아르바이트로 채용하는 가게가 대부분이다. 앞으로의 과제는 파트타임, 아르바이트뿐만이 아니라 직원, 간부로 여성을 등용하는 것이라고 생각한다. 고객의 절반은 여성이고, 세상의 구매결정권의 80%는 여성이 쥐고 있다고 하니 여성 간부가 있는 것은 당연하다.

여성은 특히 접객에서는 남성이 흉내 낼 수 없는 감성을 지니고 있다. 앞으로는 여성 간부가 활발하게 활약하는 회사가 쉽게 성공할 것이라고 생각한다.

H&M의 기사를 읽고 느낀 것은 일본의 상식은 세계의 비상식이 되었다는 것이다. 외국에선 이미 H&M과 같은 일본의 상식으로는 생각할 수 없는 회사가 성공을 거두고 있다. H&M의 매출액은 이미 1조 엔을 넘었으니 결코 작은 회사가 아니다. 이렇게 큰 회사가 이런 제도를 이미 사내에 정착시키고 큰 성공을 거두었다.

세상을 바꾸려면 우선 사내의 변혁부터 이루어내야 한다. 그리고 개성이 뛰어난 회사를 만드는 것부터 시작해야 한다.

1인 창업에서 기업 경영으로

진화 없는 성장 없고,
성장 없는 비즈니스 없다

영원한 번영을 목표로 한다

　나는 면 학교에서 경영 강의를 할 때 눈앞의 손익이 아니라 가게의 영원한 번영에 대해 가르치고 있다. 이 테마에 대해 중요한 것을 가르쳐주는 것이 《좋은 기업을 넘어 위대한 기업으로》(짐 콜린스)라는 책이다. 몇 번을 다시 읽어도 그때마다 새로운 감동을 느낄 수 있는 훌륭한 책으로, 좋은(평범한) 기업을 위대한(초우량) 기업으로 변신시켜서 영원히 번영시키기 위한 처방전이 쓰여 있다.

　대부분의 좋은(평범한) 기업은 위대한(초우량) 기업으로 도약하지 못하고 수명이 다한다. 이 책에서는 위대한 기업으로 도약할 수 있었던 14개 사의 사례를 들며 어디에서 그 큰 차이가 생겼는지를 철저하게 분석하고 있다.

　그 차이가 생기는 항목에 순번을 매기면 다음 세 가지가 된다.

① 규율 있는 인재

　· 5단계의 리더십

　· 처음에는 사람을 선발하고, 그 후에 목적지를 정한다

② 규율 있는 생각

　· 냉혹한 현실을 직시한다

　· 고슴도치 개념

③ 규율 있는 행동

　· 규율 문화

　· 촉진제로서의 기술

　· 플라이휠Flywheel(관성바퀴)과 선순환

위 지적에 대해 콜린스는 일일이 다음과 같이 해설하고 있다.

· **5단계의 리더십**(콜린스는 리더십의 레벨을 1단계에서 5단계로 분류하고 5단계를 최상위 단계에 놓았다)

　좋은 기업을 위대한 기업으로 바꾸기 위한 리더십은 일반적으로 알고 있는 리더십과는 전혀 다르다. 강렬한 개성을 지닌 화려한 리더십이 매스컴에서 대대적으로 다뤄지며 유명해지는 것과 비교하면 다른 혹성에서 온 것이 아닐까 하고 의심될 정도로 소극적이고, 조용하고, 내성적이고, 부끄러워하는 사람조차 있다. 개인으로서의 겸허함과 직업인으로서의 주관이 뚜렷하다는, 언뜻 보기에 모순된 조합

을 특징으로 하고 있다. 링컨이나 소크라테스와 비슷하다.

· **처음에는 사람을 선발하고, 그 후에 목적지를 정한다**

위대한 기업으로 도약할 수 있도록 지도한 리더는 처음부터 새로운 비전이라든가 전략을 설정한 것은 아니다. 처음에는 적절한 사람을 선발해서 버스에 태우고, 부적절한 사람을 내리게 한 뒤 적절한 사람이 각자 어울리는 자리에 앉고 나서 어디로 가야 하는지 정한다. '인재야말로 가장 중요한 자산이다.'를 엄격하게 지킨 것이고, 이 순서야말로 중요하다.

· **냉혹한 현실을 직시한다**(하지만 승리에 대한 확신은 잃지 않는다)

아무리 곤란한 상황에 직면해도 마지막에는 반드시 이긴다, 절대로 지지 않는다, 무조건 이긴다는 확신을 가져야 한다. 동시에 냉혹한 현실을 직시하는 자세를 확고하게 갖고 있어야 한다.

· **고슴도치 개념**(세 개의 원 안에 초점을 맞춘다)

핵심 사업은 반드시 세계 최고가 될 가능성이 있는 사업을 선택해야 한다. 만약 세계 최고가 될 수 없는 것이라면 절대로 도약의 기초가 될 수 없다. 핵심 사업은 반드시 열정을 갖고 있는 것이어야 한다. 그리고 핵심 사업은 반드시 수익을 올리는 사업이어야 한다. 이 세 가지 원이 교차되는 부분이 아니면 해서는 안 된다.

· 규율 문화

어떤 기업에도 문화가 있고, 일부 기업에는 규율이 있다. 그러나 규율 문화를 갖고 있는 기업은 극히 적다. 규율 있는 인재가 많으면 관리를 위한 계층 조직과 관료 조직은 불필요해진다. 규율 있는 행동을 한다면 과잉 관리는 불필요해진다. 규율 문화와 기업가 정신을 조합시키면 위대한 업적을 낳는 마법의 묘약이 된다.

· 촉진제로서의 기술

위대한 기업으로 도약한 기업은 기술을 변화를 일으키는 수단으로 사용하지 않는다. 한편 신중하게 선택한 기술의 적용에 관해서는 선구자가 된다. 결코 기술 자체가 도약의 주요 원인은 되지 않는다.

· 플라이휠과 선순환

혁명이나 극적인 개혁이나 아픔을 동반하는 대량 해고를 단행한 지도자는 거의 예외 없이 위대한 기업으로 도약할 수 없었다. 위대한 기업으로의 도약은 어느 정도 극적인 것이긴 해도 단번에 달성할 수 있는 것이 아니다. 단 한 번의 결정적인 행동이 없었다면, 원대한 계획이 없었다면, 기사회생의 기술혁신이 없었다면, 한 번뿐인 행운이 없었다면, 기적의 순간도 없었다. 오히려 거대하고 무거운 플라이휠을 한 방향으로 계속해서 돌리는 것과 비슷하다. 그냥 계속 돌리기만 하면 조금씩 속도가 붙어서 마침내 생각할 수 없을 정도로 회전이 빨라지게 된다.

　콜린스의 지적은 우리에게 다양한 것을 시사해주고 있다. 다음과 같은 것이다.

① 리더 자신이 규율 있는 인재일 것.
② 규율 있는 인재 선발의 중요성.
③ 규율 있는 생각과 고슴도치 개념(열정, 세계 최고, 수익)에 대한 고집.
④ 규율 문화를 정착시킨다.
⑤ 무거운 플라이휠을 쉬지 않고 돌리면 가속도가 붙어서 돌기 시작하고 생각할 수 없을 정도로 회전이 빨라진다.

　이것들은 모두 코비 박사가 《일곱 가지 습관》에서 우리에게 가르쳐주고 있는 제2영역 그 자체다. 요컨대 중요하지만 긴급을 요하지 않는 일을 꾸준히 하는 것이 중요하다는 말이다.
　나의 오랜 비즈니스 체험을 통해 말할 수 있는 것은 "올바른 우회로는 결국 지름길이다."라는 것이다. 예를 들면 면 업계의 활성화에 도움이 되는 일을 하면 결과적으로 당사의 상품과 서비스를 파는 지름길이 되는 것이다. 그것은,
　직원 식당을 만들어서 건강에 이로운 식사를 제공하는 것이 회사

를 강하게 만드는 지름길이다.

아침의 명상이라든가 산책, 헬스트레이닝 등이 건전한 심신을 만드는 지름길이다.

아침부터 자기 자신에게 동기를 부여하는 것이 성공의 지름길이다.

주변 사람들에게 밝은 에너지를 주고, 회사를 활기차게 만드는 것이 회사가 성공하는 지름길이다.

가게에 온 손님을 멋진 미소로 맞이하고, 손님 한 사람 한 사람의 기분을 최고로 좋게 해주는 것이 번성의 지름길이다.

매일 아침, 멋진 미소로 주변 사람들에게 인사하는 것은 자신이 행복해지는 지름길이다.

매일 아침, 멋진 메시지를 주변 사람들에게 보내는 것이 행복한 인생을 사는 지름길이다.

자기 자신에게 동기를 부여할 수 있는 일을 꾸준히 하는 것은 자기 자신이 행복해지고, 주변 사람들이 행복해지는 지름길이다.

주변 사람들을 좋아하는 것은 자신을 좋아하게 만드는 지름길이다.

주변 사람들에게 감사하는 것은 자신이 감사를 받는 지름길이다.

밝은 미소를 짓고 있는 것이 행복해지는 지름길이다.

스스로 적극적으로 행동하는 것이 모든 일을 성취할 수 있는 지름길이다.

중요한 것은 신념을 갖고 적극적으로 선의의 행동을 일으키는 것이다. 여러 사람의 인생을 들여다보면 크게 성공한 사람일수록 성공할 때까지 힘든 시기를 겪었다는 것을 알 수 있다.

켄터키 프라이드치킨의 창업자 커넬 샌더스는 젊었을 때부터 다양한 사고를 겪었다. 나이를 먹고 나서도 예순여섯 살 때 도산하여 모든 것을 잃고 노숙자 생활을 했다. 켄터키 프라이드치킨은 그 후에 시작한 사업이다.

그는 독자적인 프라이드치킨 조리법을 고안하여 판로를 뚫기 위해 레스토랑을 돌아다녔지만 1,005번이나 내리 거절당했다. 보통 사람이면 벌써 포기했다. 하지만 그는 포기하지 않았다. 그리고 1,006번째에 어느 레스토랑 주인에게 인정을 받아서 계약할 수 있었고, 이듬해에는 매장을 150곳까지 확장했다.

맥도날드의 실질적인 창업자인 레이 크록도 맥도날드의 프랜차이즈(FC) 시스템을 창업한 것은 쉰세 살 때였다. 그때까지는 밀크셰이크 믹서의 세일즈맨으로 미국 전역을 돌아다녔다.

레이 크록이 맥도날드를 오늘날과 같이 성공시킨 요인은 크게 두 가지가 있다. 하나는 QSC(Quality: 품질, Service: 서비스, Cleanliness: 청결)를 DNA로 삼아 철저하게 지켰고, 그것을 계속해서 후세에 남긴 것이다.

다른 하나는 FC 본부의 이익보다도 가맹점의 이익을 우선시한 것이다.

보통 FC 본부는 가맹점이 돈을 벌지 못해도 본부는 확실하게 돈을 버는 시스템을 구축하고 있다. 그런데 맥도날드는 창업 당시부터 본부보다도 가맹점 쪽이 확실하게 돈을 버는 시스템을 구축한 것이다. 그 때문에 창업하고 얼마 후부터 본부는 적자로 힘들었다. 그래도 가맹점이 성공할 수 있도록 본부는 최선의 노력을 다했다. 우리가 보는 대부분의 FC 시스템은 이와 반대로 하고 있다.

오랫동안 성공의 길을 걷고 있는 기업은 모두 눈앞의 손익이 아니라 신뢰를 중요하게 생각한다. 비즈니스는 인생을 건 자기 자신과의 장렬한 싸움이다. 결코 라이벌과의 싸움도 아니고, 한 번뿐인 승리도 아니고, 한 순간만의 영광도 아니고, 영원히 지속되는 끝이 없는 여로다.

돈을 버는 것이 중요한 것이 아니라 신뢰를 잃지 않는 것이 무엇보다도 중요하다. 그러나 신뢰를 얻기 위해서는 시간이 걸린다. 신뢰의 근원은 일관성이고, 타협하지 않는, 흔들리지 않는 마음이다.

늘 언동과 행동의 일관성을 유지하고 끈질기게 버티는 인내력이 중요하다.

성공하기 위해서는 시간이 필요하고, 오랜 시간을 두고 만들어진 브랜드 가치도 신뢰다. 항상 진화하고 있는 것을 즐겁다고 생각하는 사람이 되어야 한다. 헬스트레이닝과 마찬가지로 계속해서 큰 부하를 거는 것이 중요하다.

성공의 반대는 실패가 아니라 타협이고, 타협하지 않기 위해서는 규율을 지켜야 한다. 다시 말해서 규율을 지키는 것은 타협하지 않는 것, 일관성을 중시하는 것이다.

세상은 단 한 순간도 멈추지 않고 계속해서 변하고 있는데 우리의 사고는 언제나 과거의 경험, 상식, 지식을 근거로 하고 있고, 그 연장 선상에서만 판단하고 있다. 하지만 지금 일어나고 있는 일은 과거의 연장선상에는 없는 것이다. 세상은 단 한 순간도 멈추지 않기 때문에 앞으로 일어날 문제도 과거에 체험하지 못한 것뿐이다. 우리가 진화 하듯이 앞으로 일어날 문제도 점점 진화하게 되어 있다.

그것에 대응하려면 우리가 더욱 진화할 수밖에 없다.

성장하지 않는 것은 비즈니스가 아니다

37억 년 전에 원시 바다에서 탄생한 단 하나의 단세포 생물로부터 지구상의 모든 생물이 파생, 탄생했다. 현재 지구상에서 인류가 모든 생물의 정점에 서 있는 것은 항상 환경 변화에 적응해온 진화의 크기를 나타내는 것이라고 한다.

37억 년 전에 탄생한 단세포 생물로부터 수억 세대에 걸쳐 이어져 내려온 DNA가 단 한 번도 끊기지 않고 이어져왔기 때문에 우리가 현재 이렇게 살아서 멋진 인생을 구가할 수 있는 것이다.

지구상에서는 마그마의 대규모 분화나 대륙 이동, 상상도 할 수 없는 대지진, 운석 충돌, 빙하기의 도래 등이 끊임없이 반복되고 있다. 그동안 태곳적에 번영을 자랑하던 생물류 대부분은 진화를 하지 못하고 멸종되었다. 냉혹한 환경 속에서 진화할 수 있었던 생물만이 현재 지구상에서 번영하고 있다.

동시에 우리의 모든 조상 세대가 한 대도 거르지 않고 DNA를 물려주는 데 목숨을 걸어준 덕에 우리가 이렇게 행복한 생활을 누릴 수 있는 것이다. 따라서 우리 인류의 피 속에는 진화하는 것이 DNA로 새겨져 있다고 할 수 있다.

진화란 큰 환경 변화에 대응하기 위해 위험을 감수한 행동이다.

처음에는 바다 속에서 살던 생물 중 약한 종이 강한 종에게서 도망치기 위해 신천지인 지상에서 살 수 있는 장소를 찾았다. 그리고 지상에서도 강한 종으로부터 도망치기 위해 나무 위를 도망쳐 다녔다. 거기에서 진화한 것이 인류라고 한다. 진화란 항상 강한 종이 진화하는 것이 아니라는 말이다. 오히려 그 시대의 약한 종이 환경의 변화를 이겨내기 위해, 살아남기 위해, 어쩔 수 없이 진화를 반복해온 것이고, 진화가 없었다면 인류는 있을 수 없었다.

디지털 대사전에 의하면 진화란 다음과 같이 정의할 수 있다.

① 생물이 자신의 내부의 발달에 의해 오랫동안 서서히 변화하여 종이나 속의 단계를 넘어 새로운 생물을 낳는 등의 행위.
② 일반적으로 체제는 복잡해지고 기능은 분화한다.
③ 무기물에서 유기물로의 변화, 저분자에서 고분자로의 변화에 대해서도 사용되고, 더 확장해서 별의 일생이나 우주의 시원始原에 대해서도 사용된다.

④ 사회가 미분화 상태에서 분화의 방향으로, 미개사회에서 문명
　사회로 변화 · 발전하는 것.

⑤ 사물이 진보하여 좀 더 우수한 것이나 복잡한 것이 되는 것.

　인류의 역사가 진화의 역사인 것처럼 비즈니스에 있어서도 진화
는 빼놓을 수 없는 요건이다.

　더욱이 과거와 현대가 크게 다른 것은 우리의 비즈니스 혹은 우리
자신보다도 주변의 진화와 변화 쪽이 크기 때문이다. 이것은 먼 옛날
마그마의 분화, 운석의 충돌, 대륙의 이동, 대지진 등에 의한 환경 변
화와 비교할 수 있다. 그 정도로 큰 변화라는 말이다. 게다가 우리를
둘러싸고 있는 환경은 상상을 초월하는 속도로 단 1초도 쉬지 않고
진화, 변화하고 있다. 동시에 우리 자신이 그러한 변화의 담당자가
되었다. 따라서 환경 변화에 가속도가 붙은 것이다.

　그리고 움직이는 것과 앞으로 나아가는 것이 다른 것처럼 매일의
일을 하는 것과 진화는 전혀 다르다. 진화란 앞으로 나아가는 것이다.

　어떤 비즈니스든 매출이 전년도에 비해 계속해서 밑도는 것은 진
화하지 않는다는 증거다. 매출이 전년도에 비해 계속 밑도는 것은 비
즈니스가 아닌 것이다. 따라서 우리의 비즈니스도 주변의 진화와 변
화에 크게 뒤처지지 않도록 진화하지 않으면 안 된다.

　단, 환경 변화는 큰 트렌드와 함께 항상 노이즈를 발생시킨다. 작
은 노이즈에 구애되어 우왕좌왕하지 말고 큰 트렌드를 이해하고 이

트렌드에 뒤처지지 않도록 해야 한다.

예를 들면 식품 세계의 큰 트렌드로는 건강 지향이 있다. 작은 노이즈로는 그 시대의 음식 유행의 성쇠가 있다. 건강 지향과 음식 유행의 성쇠 중 어느 쪽에 주목해야 할까? 말할 필요도 없이 건강 지향이다. 이처럼 작은 유행에 구애되지 않고 환경 변화라는 큰 트렌드에 늘 주의를 기울이며 이해하는 것이 매우 중요하다. 진화는 환경 변화를 이해하지 못하고는 있을 수 없기 때문이다. 환경 변화에 역류한 진화는 죽음을 의미한다.

그리고 세상은 더욱 복잡한 방향으로 진화하고 있다. 따라서 진화에는 이노베이션과 같은 큰 진화와 매일의 개선·개량과 같은 작은 진화가 있다. 어느 것이든 현상에 머무르지 않고, 앞으로 계속해서 움직이는 것이다.

우리 자신이 매일매일 진화하는 것을 자신의 DNA로 갖고 있는 이상, 항상 의식적으로 계속해서 진화하는 것은 인간으로 태어난 운명이다. 조상으로부터 물려받은 귀중한 DNA, 그것을 더욱 진화시켜서 다음 세대에 물려주는 것이 우리의 사명이다.

진화를 촉진시키기 위한 요건은 다음과 같다.

① 항상 높은 목표를 세운다(높은 목표를 향해 매일매일 진화를 거듭하다 보면 어느새 자기 자신의 레벨이 높아져 있다).

② 스스로 위험을 감수한다(위험을 감수하지 않고 진화는 할 수 없다).

③ 현상을 부정한다(비즈니스의 본질은 현상 부정이고, 늘 좀 더 나은 상태를 찾는 것이다).

④ 열정이 있는 일에 임한다(혹은 열정을 갖고 임한다).

⑤ 자신의 강점을 이해하고 강화한다(절대로 약점을 강화해서는 안 된다).

⑥ 가령 서툰 일이라도 진화에 필요한 것이라면 완수한다(진화하는 것에 필요한 일은 철저하게 해낸다).

비즈니스에 진화는 불가결하다. 우리 인류 개개인의 몸속에 진화의 DNA가 먼 조상으로부터 대대로 이어져 내려오고 있는 것을 생각하면 불가능한 일은 아무것도 없다. 우리의 조상은 불가능을 가능으로 만들었다. 그 덕에 우리가 여기 지구상에 존재할 수 있는 것이다.

우리의 유일한 존재 이유는 대대로 이어받은 DNA를 더욱 진화시켜서 다음 세대로 이어주는 것이다.

토털 리더십이 바뀌어간다

　비즈니스에 있어서 리더십을 발휘할 때 가장 중요한 것은 '속해 있는 시장'에서 리더십을 발휘하는 것이다. 다시 말하면 '리더십을 파는 것을 자신의 비즈니스의 목적으로 삼는' 것이다.

　이것은 과당 경쟁에 휘말려 가격 저하에 고민하거나 고객의 요구대로 되어버리는 것과는 정반대의 사고방식이다. 비즈니스맨인 우리의 목적과 역할은 '시장에서 리더가 되는 것' '권위를 갖는 것' '고객의 조언자로서 영향력을 발휘하는 것'에 있다.

　그것은 '우리가 비즈니스의 주체'라고 인식하는 것, 그리고 '고객은 우리가 지키고, 키워주는 존재'라고 이해하는 것이다. '손님은 왕'이라는 인식을 가지면 왕왕 비굴한 입장이 되어버린다. 어디까지나 고객은 WIN-WIN 관계의 비즈니스 파트너일 뿐이다.

　우리는 예상 고객이나 클라이언트에 대해 '우리도 똑같이 느끼고 있습니다.'라는 사실을 전하는 것이 절대적으로 필요한 일이라는 말이다. 바꿔 말하면 '우리는 당신과 같은 기분입니다. 당신의 고민이 무엇인지 알고 있습니다.'라고 전하는 것을 무엇보다도 중요하게 생각하라는 것이다.

우리는 '그저 단순히 정보를 주는 것'과 '조언을 해주는 것'의 차이를 명확하게 이해하고 있어야 한다. 납득할 수 있는 확실한 근거를 제시하면서 함께 "문제가 있으면 이렇게 하면 됩니다." "그 상황에서는 이렇게 하면 됩니다."와 같이 사람들에게 구체적인 조언을 해주지 않으면 안 된다. 우리는 고객이 좀처럼 말로는 표현하지 않는 문제에 관심을 기울이며 그것을 명확하게 드러내주는 역할을 담당하고 있는 것이다.

대부분의 고객은 일상생활이나 비즈니스에서 직면하고 있는 다양한 과제의 전체상이 보이지 않아서 고심하고 있다. 너무 고심한 나머지 '자신은 무엇이 필요한지 모르는' 경우도 적지 않다.

고객은 자신이 무엇을 느끼고 있는지를 명확하게 말할 수 없고, 표현하는 수단도 갖고 있지 않다. 그렇기 때문에 고객의 그러한 고심이나 생각을 이해해주고, 확실하게 말로 표현하고 행동으로 나타내며 논리적으로 강력한 전략을 세워서 서포트해주는 사람을 신뢰하는 것이다.

반드시 스스로에게 묻고 생각해내기를 권한다. 비즈니스에서든 인생에서든 '무언가를 산다.'고 결정할 때를.

엄격한 눈으로 쇼핑할 때, 자기만족을 위해 쇼핑할 때, 허영심을 채우기 위해 쇼핑할 때……. 능숙하게 이끌어주는 사람, 묻고 싶은 것, 알고 싶은 것을 가르쳐주는 사람이 있다면 그의 말을 신뢰하지 않을 수 있을까? 바로 그 점에서 엄청나게 큰 차이가 생기는 것이다.

우리의 결정적으로 중요한 리더십은 '클라이언트가 우리를 신뢰할 수 있다고 느낄 수 있는 견해를 제공하는 것'이다.

여기서 다시 '리더십, 리더십, 리더십'이다.

우리가 생각해야 하는, 우리의 역할, 기능, 우위성, 포지셔닝은 리더라는 것, 즉 상냥하고, 냉정하고, 풍요롭고, 애정이 흘러넘치는 시장의 리더가 되는 것이다.

다음으로 우리들 개개인의 리더십에 대해 생각해보자.

리더십이란 회사의 최고경영자라든가 정치가 등 일부 엘리트를 위한 것이 아니다. 리더십이란 천성적으로 갖추고 있는 것이 아니라 노력으로 갈고닦는 것이다. 회사의 경영자 층이든, 팀장이든, 팀원이든, 가정주부든, 어떤 사람에게서도 빼놓을 수 없는 것이다. 우리 개개인에게 절대적으로 필요한 것이라는 말이다.

리더십이란 '자신의 신념에 근거하여 목표를 향해 타인을 이끌고 나아가는 능력'이다. 요컨대 리더십이란 사람들의 뜻을 높이고, 갖고 있는 능력을 충분히 발휘하게 하는 것이다. 그러나 현실적으로 우리들 개개인은 항상 리더십을 발휘하고 있는 것은 아니다. 리더십의 중요성, 필요성을 이해하지 못하는 사람도 많다.

우리들 개개인은 인생에서 다음의 네 가지 다른 행동 영역을 갖고 있다.

① 일, 즉 비즈니스 분야
② 가정생활
③ 자기 자신
④ 커뮤니티(지역사회)

이 네 가지 영역에서 리더십을 발휘하는 것이 중요하다.

일본에는 리더십이라는 말에 잘못된 이미지를 갖고 있는 사람이 많다. 자신은 리더의 자격이 없다든가, 겸손하거나 겸양하여 리더가 되고 싶지 않은 것을 미덕이라고 생각하는 사람이 많은 것이다. 리더에게는 책임이 따르기 때문에 피하는 사람도 많은데, 피하면 리더십을 발휘하여 성장할 수 있는 기회를 놓치게 된다.

위에서 아래를 향해 거만하게 무언가를 말하거나 지시를 내리는 것이 리더십이 아니다. 주위사람들과 지금보다 더 원활한 커뮤니케이션을 하고, 성장을 목표로 하고, 매일매일 하고 있는 사소한 일 속에 리더십은 자연스럽게 존재한다. 중요한 무언가를 보다 나은 방향으로 바꿔가는 과정이야말로 진정한 리더십이다.

리더십을 발휘하는 것은 적극적인 마음으로 자기 자신이 주체가 되어 행동하는 것. 타인의 말에 따라 행동하는 것이 아니라 자기 자신이 납득하고, 자기 자신의 머리로 생각하고, 자기 자신이 자기 자신의 주인공이 되는 것이다.

그리고 비즈니스 영역, 가정생활 영역, 자기 자신 영역, 지역사회 영역 중 어느 하나가 아니라 네 가지 모든 영역에서 균형 잡힌 충실감과 성공을 동시에 쟁취하는 것이다.

이것을 토털 리더십이라 하고, 토털 리더십은 우리의 인생을 화려하게 빛나는 것으로 바꿔준다.

토털 리더십을 완수하는 순서는 다음과 같다.

① 자신의 가치관에 근거하여 비전을 그린다.
② 그 비전을 향해 주위사람들을 이끈다.
③ 비전을 실현하기 위해 행동한다.

이해하기 쉽게 말하면 자기 자신이 인생을 걸고 진심으로 하고 싶은 것을 명확하게 하는 것, 즉 사명을 명확하게 하는 것이다. 이 사명의 '뜻'이 높으면 높을수록 많은 사람들을 이끌 수 있다. 그 사명을 실현하기 위해 뜨거운 열정을 갖고 가능한 한 많은 사람들을 이끄는 행동을 일으키는 것이다.

강한 경영 팀을 만든다

창업 이래 내가 늘 염두에 두고 소홀히 하지 않으려고 신경 쓰고 있는 것은 고객에 대한 책임이다.

당사가 제조 · 판매하고 있는 제면기의 수명은 사용법에 따라 다르긴 하지만 20년 정도는 무난하게 간다. 그런데 짧은 경우를 상정하여 10년간 사용한다고 하자. 그러면 그 고객에 대한 책임으로서 당사는 10년 후에도 건전하게 존속해야 한다. 이것은 매우 중요한, 고객에 대한 책임이다.

과거, 당사는 몇 번인가 위기 상태에 빠진 적이 있었다. 그때마다 항상 내가 생각한 것은 '아무리 힘들어도 어떻게든 회사를 존속시켜서 절대로 고객에게 폐를 끼쳐서는 안 된다.'는 일념이었다. 그렇게 몇 번이나 위기를 넘겨왔다.

그 덕에 나에게는 절대로 포기하지 않는 악바리 근성이, '네버, 네

버, 네버 기브업' 정신이 생겼지 싶다.

그런 다양한 체험을 통해서 나는,

$$비즈니스의 성과(성취하는 능력) = 책임 \times 꿈 \times 의지력 \times 집중력$$
$$\times 경험 \times 직감력 \times 인내력$$

이라는 결론에 이르렀다.

근대 일본의 대표적인 경제인인 시부사와 에이이치도 "경영의 본질은 책임이다."라고 가르쳤다. 경영자인 이상 큰 책임을 지고 있다는 것을 자각하고, 각오를 정해야 한다.

나는 나 자신의 비즈니스 인생을 통해 '지고 있는 책임의 크기에 따라 각오가 정해진다.'는 것을 이해했다. 다음으로 '꿈의 크기'의 중요성, 의지력의 강함, 그리고 비즈니스에 임하는 집중력이 강할수록 비즈니스는 성공하고, 더욱 많은 경험을 쌓을 수 있고, 결과적으로 직감력이 더욱 연마된다는 것도 깨달았다. 마지막이 절대로 포기하지 않는 인내력이다.

창업 초기의 고객에 대한 책임의 테마는 당사의 존속이었다.

솔직히 말하면 나 자신이 살아가는 데에만 필사적이었다. 그러나 지금은 존속뿐만이 아니라 고객에 대한 가치 창조에 크게 중점을 두고 있다. 고객에 대한 가치 창조란 고객에게 만족을 주고, 고객의 행복에 공헌하는 것이다.

창업 초기에는 인력도 부족했기 때문에 나 자신이 슈퍼맨이 될 수밖에 없었다. 영업을 나가 고객에게 주문을 받고, 구상을 하고, 설계도를 그리고, 공장에서 만들고, 트럭에 싣고 밤새 달려가서 납품하고, 지도, 메인터넌스 등을 모두 직접 할 수밖에 없었던 것이다.

창업자이기 때문에 어쩔 수 없다고 생각하고 있지만, 영업자, 설계 기술자, 제작자, 운전사, 메인터넌스, 면 연구가, 식품 연구가, 전략가, 그리고 최근엔 작가로…… 혼자서 몇 사람의 역할을 겸임하고 있다.

그러나 기업을 영원히 존속시키기 위해서는 이러한 상태가 결코 바람직하다고는 할 수 없다. 그래서 내가 현재 주력하고 있는 것은 차세대 리더의 육성이다.

나처럼 슈퍼맨이거나 다재다능한 사람이 아니라 한 가지나 두 가지의 전문 분야를 깊이 이해하고, 조직 전체를 살필 줄 아는 T형 인간(한 가지 전문 분야, 스페셜리티〔세로축〕와 폭넓은 지식, 제너럴리스트〔가로축〕), 혹은 π(파이)형 인간(두 가지 전문 분야, 스페셜리티〔세로축〕와 폭넓은 지식, 제너럴리스트〔가로축〕) 타입의 리더십을 갖춘 리더를 육성하고, 그러한 리더들의 팀에 의한 경영을 목표로 하고 있다.

지금까지는 나 혼자서 많은 일을 하면 그것으로 되었다. 그러나 앞으로는 그런 방법으로는 안 된다. 사회 전체가 급격히 복잡하고 다양하게 진화하고 있기 때문에 당사와 같은 작은 규모의 회사라 하더라도 한 사람의 경영자가 회사 전체를 살피는 것은 어려운 상태가 되었다. 그래서 전문 분야별 리더로 형성되는 경영 팀에 의한 경영이

불가결한 것이다.

여기서 경영 팀의 리더에게 요구되는 역할은 다음과 같다.

① 경영이념, 사명, 비전의 재검토, 경영 전략의 구축, 기본 경영 계획서의 작성을 실행한다.
② 경영 팀이 만든 경영 전략, 기본 경영 계획서에 근거하여 계획을 달성하기 위한 전술을 구축한다. 또한 정보화 전략을 구축하고 실행한다.
③ 부문별 경영 계획서를 작성하고, 경영 팀의 승인을 받아 매일의 실무를 수행한다. 매일의 실무가 미션과 합치되고 있는지를 매일 체크하고, 행동을 수정한다. 고객의 예기치 못한 사태를 경영 팀에 보고한다.

당사에서는 현재 경영 팀을 만들어놓았는데, 팀 멤버는 회사 전체의 성과를 높이기 위한 경영 팀의 역할, 각 부문의 역할 및 역할 분담에 대해 협의하고 있다. 그리고 업무를 보면서 스스로의 사고 능력과 리더십 레벨을 높이고, 전체를 살피는 능력을 높이는 것의 중요성을 이해하고 있다.

강한 경영 팀을 만들기 위해서는 무엇보다도 우선 경영자 자신이 강한 의지를 갖고 있어야 한다. '다음 세대를 담당할 강한 경영 팀을 만든다!'는 의지를 확고하게 했을 때 경영 팀 만들기는 시작된다.

인간의 사망률은 100%이다. 언젠가 이 세상을 떠날 날이 온다. 그 날까지 해놓아야 하는 일이 DNA의 계승이다. 회사가 남겨야 하는 DNA를 확실하게 계승할 수 있는 강력한 경영 팀을 키워내는 것이 경영자의 마지막 임무다.

그 임무를 완수하기 위해서는 시간이 필요하다. 은퇴 직전에 강한 경영 팀 육성에 나서는 것은 너무 늦다. 평소 업무의 일환으로서 강한 경영 팀 만들기에 임해야 한다. 항상 경영 팀을 육성한다는 의식을 갖고 있는 것과 동시에 경영 팀 멤버에게 그것을 자각시켜두어야 한다. 그렇게 책임의 중대함을 늘 의식하는 것을 게을리해서는 안 된다.

당사에서도 고객에 대한 책임, 직원에 대한 책임, 사회에 대한 책임, 앞으로는 주주에 대한 책임을, 각각의 경영 팀 멤버가 이해하도록 지도하고 있다.

지금까지는 경영 팀 육성의 중요성을 이렇게까지 선명하게는 이해하지 못했다. 그러나 회사의 시스템이 만들어짐에 따라 그 중대함을 깊이 의식하게 되었다.

회사는 영원히 존속하지 않으면 안 된다. 지구 환경의 격변에 맞춰 살아남아온 인류의 역사와 마찬가지로 유연하게 진화하면서……

1인 창업에서 기업 경영으로

팀워크가 잡힌 강한 팀을 육성한다

인간 외에도 팀워크를 발휘하여 끊임없이 번성하고 있는 생물은 바다 속에도, 육상에도 많다. 무리를 이루고 사는 생물도 많지만 무리를 이루는 것과 팀워크는 다르다.

인류가 탄생 이래 오늘날까지 살아남아서 모든 생물의 정점에 설 수 있었던 큰 원인 중 하나가 '팀워크'이다. 수렵 시대에도, 농경 시대에도 팀워크는 빼놓을 수 없는 조건이었다.

그러나 39년 전에 창업했을 때 나는 팀워크의 필요성과 진정한 의미를 이해하지 못했다. 혼자서 창업했기 때문에 나 자신이 슈퍼맨이 될 수밖에 없었고, 팀으로 일한다는 생각은 전혀 없었던 것이다. 회사의 규모가 커지면서 직원이 조금씩 늘어나도 팀워크의 중요성을 의식한 적은 없었다. 그 때문에 개발 부문, 제조 부문, 영업 부문이 저마다 각각의 입장을 우선한, 그야말로 '부분 최적'의 견본과도 같은 회사였다. 이래서는 회사 차원의 성과가 올라가지 않는 것은 당연했다.

당사의 팀워크가 양성되기 시작한 것은 18년쯤 전, 그러니까 "당사의 사명은 면 전문점 번성 지원 회사다."라고 명확하게 했을 무렵부터라고 기억한다.

현재는 그 무렵의 두 배 이상으로 직원수가 늘어났고, 개발 설계 부문, 영업 기획 부문, 영업 부문, 기획 부문, 메인터넌스 부문, 면 학교 부문, 총무 부문 등 많은 전문 분야로 나뉘어 있다. 이렇게 전문 분야로 나뉘면 왕왕 각각의 전문 분야가 부분 최적에 빠지는 경향이 있다. 즉, 자기 부문의 사정을 우선시한 행동에 빠지기 쉽다는 말이다. 결과적으로 경영 효율이 떨어지고, 고객의 신뢰를 잃고, 기업 전체로서의 활력을 잃는다.

이러한 사태를 피하기 위해 '전체 최적화'를 목표로 한 횡적 제휴를 원활하게 하는 것이 중요해졌다.

현재와 같은 복잡해진 사회에서는 개인이 능력을 발휘하는 데도 한계가 있다. 어떤 비즈니스나 직업이라도 다른 누군가의 도움 없이는 큰 성공을 거둘 수 없다. 성공하고 싶다면 팀으로 함께 노력하는 것이 필수다.

팀워크의 본질은 '훌륭한 협조 정신으로 명확한 목표 달성을 위해 2인 이상의 사람들이 각자의 장점을 살려서 생각과 행동을 일치시켜 무한한 능력을 만들어내는 것'이다. 이러한 협력 관계를 맺으면 단독으로 발휘하는 능력과는 비교가 되지 않는 아주 강한 능력이 생긴다. 그래서 자신의 미숙한 부분을 보완해주는 다른 장점을 가진 사람들과 협력 관계를 맺는 것이다.

엔지니어 출신인 나는 하드웨어에 강한 반면 소프트웨어에 약하다. 나는 그것을 자각하고 있기 때문에 소프트웨어에 강한 사람, 예를 들면 영업을 잘하는 사람이라든가, 총무·경리의 고수와 같이 서로 부족한 부분을 보완해주고 또 신뢰할 수 있는 사람을 파트너로 선택한다. 그때 특히 중요한 것은 같은 벡터를 가진 사람, 성공 실현을 목표로 하는 사람과만 손을 잡는 것이다.

그러기 위해서 당사에서는 다음과 같은 사항에 주의하고 있다.

① 경영이념의 설정, 사명, 비전을 명확하게 하고, 기업 전체가 같은 방향으로 벡터를 모을 수 있는 전략을 명확하게 한다. 현재, 당사가 추진하고 있는 것은 열렬한 팬 고객 만들기이다. 이것을 고객과의 접촉 빈도가 높은 영업 관계 부문과 메인터넌스 부문이라는 양쪽에서 접근하고 있다.

② 전략을 명확하게 한 다음에는 뛰어난 리더를 선정해야 한다. 그리고 선정한 리더에게 책임을 위양하고, 리더십을 발휘할 수 있게 한다. 리더십을 발휘하는 방법에 따라 얻어지는 성과는 완전히 다르다. 당사의 현재 과제는 뛰어난 리더십을 발휘할 수 있는 리더를 많이 육성하는 것이다.

③ 선정된 리더 아래에서 매일의 업무에 임하고, 매일매일 커뮤니케이션의 밀도를 높여간다. 잘된 부분, 잘되지 않은 부분 등 매일매일 보고, 연락, 반성, 재검토를 빠른 속도로 반복한다. 요컨대 매일매일 PDCA 사이클(Plan, Do, Chek, Action. 즉 계획, 실행, 확인, 조처로 이루어지는 관리 사이클을 말한다 – 옮긴이)을 빨리 돌리는 것이다.

④ 이상의 과정을 통해 조직을 형성하고 있는 한 사람 한 사람이 목적, 목표, 정보를 공유하고 주인 의식을 양성하며, 참획 의식과 협조성을 높일 수 있다.

위의 항목은 모두 직원 한 사람 한 사람이 개인으로서의 레벨을 높이기 위한 것이다. 그리고 이러한 행동을 통해 팀워크의 중요성을 배울 수 있게 된다.

다음으로 팀워크를 좋게 하기 위한 요소를 열거해보겠다.

① 협조성

팀워크를 좋게 하기 위해서는 '협조성'이 필요하다. 협조성이란 상대의 의견이나 행동을 이해하고 자신과 달라도 조정할 수 있는 능력으로, 조화를 중시하는 자세다. 협조성을 기르기 위해서는 팀의 룰을 지키는 것이 중요하다. 또 협조성의 한 가지 요소는 다수의 의견에 따른다는 자세다.

② 참가 의욕을 높인다

팀워크를 키우기 위해서는 무엇보다도 구성원 개개인의 참가 의욕을 높이는, 즉 동기를 부여하는 것이 필요하다. 참가 의욕을 높이려면 구성원 개개인에게 그들이 담당할 업무의 내용을 명확하게 전달해야 한다. 리더로부터 구체적이고 명확한 지시를 받으면 참가 의욕이 높아질 뿐만 아니라 업무가 쉬워지고, 원만한 팀워크로 이어진다. 회의 등의 자리에서 업무 내용을 구체적이고 명확하게 전달하는 것이 중요하다. 구성원의 업무에 대해 객관적이고 올바른 평가를 하는 것도 참가 의욕을 높이는 요령이다.

③ 목적과 목표의 공유

팀워크가 잡힌 상태는 각 구성원이 목적, 목표, 그리고 목적과 목표를 달성하기 위한 방법에 대해 합의한 상태다. 그러기 위해서는 목적이나 목표를 만드는 첫 단계부터 가능한 한 많은 구성원이 참가하여 함께 목적이나 목표를 세운다.

④ 정보의 공유

정보는 가능한 한 오픈하여 팀원 전체가 공유한다. 중간경과에 대한 정보나 데이터도 마찬가지다.

⑤ 명확하고 능숙한 제휴

구성원 한 사람 한 사람이 자신의 역할을 인식하고, 자신은 어떤 업무를 분담하는 것인지를 명확하게 인식한 다음 구성원 간의 제휴가 효율적으로 기능하는 것이 중요하다. 어떤 일이든 각자 역할을 맡은 담당자 간의 제휴에 의해 완수할 수 있다. 구성원 개개인이 자신의 역할을 인식할 필요가 있고, 각자의 역할 인식과 제휴함으로써 업무가 진행된다.

⑥ 권한과 책임의 일치

팀에는 반드시 리더가 있고, 거기서 중요해지는 것이 '권한과 책임의 일치'이다. 리더는 조직 내의 룰에 근거하여 일관성을 갖고, 타협하지 않고, 리더십을 발휘해야 한다. 그리고 조직에서 그것이 철저하게 지켜지면 성과를 올리기 쉽다. '권한과 책임의 일치'는 어느 레벨의 리더에게든 해당된다.

위 내용을 재확인하면 '모든 일의 성과는 자사의 사명을 완수하기 위해 이루어지고 있는 것을 전 직원에게 이해시키는 것'임을 알 수 있다. 그러기 위해서는 목표를 설정하는 단계부터 참가시켜서 각자의 입장에서 목표를 설정하게 한다.

그리고 매일의 행동도 각자의 입장에서 경영이념, 사명에 근거하고 있는 것을 확인하면서 한다. 그렇게 해서 사내가 유기적으로 일체화하여 같은 하나의 경영이념과 사명을 이루기 위해 일할 수 있는 구조를 만든다. 정보 교류가 충분히 이루어지지 않은 부분에 대해서는 커뮤니케이션이 부족한 것으로 생각할 수 있으므로 어떤 부문이든 커뮤니케이션이 부족하지 않도록 진행하는 것이 중요하다.

이상과 같이 사내의 부문 간 팀워크는 중요하지만 그 외에도 중요한 것이 있다. 그것은 사외의 고객과의 팀워크이다. 고객도, 매입 업자도 가족처럼 중요한 팀의 구성원이다. 그러니까 시장 전체가 큰 팀의 구성원이다. 즉, 시장 전체로 하나의 팀을 형성하고 있는 것이다.

사내, 사외를 불문하고 모든 팀워크가 탄탄하면 탄탄할수록 비즈니스는 안정되고 성공하기 쉽다. 그 속에서 자사가 맡아야 하는 역할은 팀에 대해 리더십을 갖고 이상사회를 만들기 위해 매진하는 것이다.

드러커류,
경영자의 일곱 가지 마음가짐

리더가 갖춰야 할 특질로 드러커가 제시한 것은 '용기'다. 위대한 조직은 용기 있는 행동에 의해 만들어진다. 그것은 단기간이 아니라 장기간을 선택하는 용기다.

또 변화를 요구하는 체인지 리더가 되는 데에도 용기가 필요하다. 사업을 그만두는 데에도, 어려운 의사결정에도, 새로운 도전에도 용기가 필요하다.

드러커는 조직의 리더가 갖춰야 할 조건으로 다음 세 가지를 들고 있다.

① 큰 비전을 갖는다.
② 조직에 뛰어난 개성을 부여한다.

③ 사람을 움직인다.

첫 번째인 '큰 비전을 갖기' 위해서는 전체를 보는 시야가 높아야 한다. 시야가 높아지면 높아질수록 전체상이 보인다. 큰 성과를 올리기 위해서는 사업 전체를 보는 능력이 불가결하다. 더불어 시간적으로도 먼 미래를 내다보는 것이 요망된다.

사업 전체를 삼차원, 사차원으로 통찰할 수 있는 능력을 키우는 것이 요구되고 있는 것이다.

리더는 내부 조직과 외부 사회, 경제, 기술, 시장, 고객, 협렵업자, 미디어, 여론을 이어주는 역할을 맡고 있다. 조직의 내부에는 비용이 있을 뿐이지만 외부에는 성과가 있다.

전체를 본다는 것은 '해야 할 일이 무언인가'를 생각하는 것이다. 외부를 봄으로써 '우리의 사업은 무엇인가?' '무엇이어야 하는가?' '무엇이어서는 안 되는가?'라는 기본적인 질문에 대답할 수 있다. 그리고 이러한 질문의 답이 비즈니스의 내용을 정한다.

외부 세계는 항상 변화하고, 변화하는 속도는 시시각각 가속화하고 있다. 한 순간이라도 눈을 뗐다가는 어느새 다른 장면으로 바뀌어 있다. 사업이 망하는 원인은 하고 있는 사업을 잘못했기 때문도 아니고 매니지먼트의 문제도 아니다. 사업의 전제로 삼고 있는 것이 현실 세계와 맞지 않았을 뿐이다. 다시 말하면 시장과 고객, 경쟁 상대, 기술, 자신의 강점으로 삼은 것이 외부 세계의 변화로 바뀌어버렸을 뿐이다.

따라서 뛰어난 리더는 해야 할 일이 무엇인지를 생각할 뿐만 아니라 그것들의 전제에 주의를 기울여야 한다.

다음으로 '조직에 뛰어난 개성을 부여하는' 것도 리더의 중요한 역할이다. 리더는 조직을 만들고, 조직을 준민俊敏하게 하고, 경쟁력을 갖추게 한다. 조직에 개성을 부여하고, 기회를 발견하고, 세상을 바꾸는 것이 리더의 역할이다.

3장에서 "뛰어난 개성으로 비즈니스를 할수록 기업 규모가 크든 작든 이익을 내기 쉬워진다."고 말했는데, 세상에 매몰되지 않는 뛰어난 개성은 비즈니스에 있어서 중요한 요건이다. 그리고 리더 자신의 개성이 조직의 개성에 반영되어 브랜드가 되고, 이 브랜드가 조직의 귀중한 무기가 된다.

피터 드러커는 2002년에 쓴《넥스트 소사이어티》에서 "넥스트 소사이어티에서는 사회적인 정당성이 의미를 갖는다. 조직으로서의 가치관, 미션, 비전이 의미를 갖는다."고 말했다. 즉 조직의 리더가 갖고 있는 꿈, 사고방식, 그리고 리더의 행동이 조직의 모든 것을 결정한다는 뜻이다.

기업으로서의 조직은 이익을 얻기 위한 도구가 아니라 상품과 서비스를 구입해주는 고객, 직원, 매입업자를 위한 커뮤니티여야 한다. 그리고 리더는 일어나고 있는 모든 일에 책임이 있는 조직의 최종 책임자다.

세 번째 '사람을 움직이는' 것에 대해 설명하면 다음과 같다.

리더의 가장 큰 역할은 사람에 대한 것이고, 신뢰의 양성, 사람에 대한 경의, 커뮤니티의 형성에 주력하지 않으면 안 된다. 따라서 사람을 움직이기 전의 전제조건으로서 먼저 신뢰관계를 구축하는 것을 우선시해야 한다.

일하는 사람은 누구든 즐겁게 일하고 싶어 한다. 단순히 일을 잘하는 사람이 아니라 함께 있는 것이 즐거운 사람과 함께 일을 하고 싶어 한다.

반대로 일은 잘하지만 인간적인 매력이 없는 사람과는 일을 하고 싶어 하지 않는다. 기왕이면 같은 가치관을 갖고 함께 일하는 것이 즐겁고, 서로 성장할 수 있는 인간관계를 맺는 사람들과 함께 일하고 싶은 것이다.

이러한 뛰어난 개성이 있는 조직을 만드는 것이 리더의 중요한 역할이다.

21세기에 있어서 앞이 보이지 않는 미지의 세계를 뛰어넘을 수 있게 해주는 것은 비전이고, 조직 내에서의 개인의 아이덴티티 확립이고, 사람 중시다.

직원이야말로 최고의 자산이고, 제2의 고객이라고 할 수 있는 존재다.

사명에서 출발하여 이상적인 목적지인 비전에 도달하기 위해서는 귀를 기울이고, 눈을 뜨고, 본 것을 올바르게 해석하기 위한 시간을 가져야 한다(이것은 전략 구축에 해당한다).

개인의 아이덴티티 확립을 위해서는 직원 개개인이 (자기 자신의) 리더가 되어야 한다.

자신의 가치관과 열정의 대상이 조직의 사명, 가치관과 일치하는지를 파악해야 한다.

자기 자신이 그 일에 열정을 갖고 조직과 같은 가치관인지를 확인해야 한다.

다른 가치관을 갖고 있는 조직에서 일하는 것은 인생의 큰 시간 낭비로 이어진다.

그리고 지식노동자의 비전은 카레이서의 시계視界처럼 멀리 전체를 보는 눈과 눈앞의 문제와 기회를 보는 눈을 모두 가져야 한다. 그러기 위해서는 자신의 강점, 가치관, 열정의 대상, 결점을 모르면 안된다.

지식노동자 이전의 육체노동자 시대에는 노동자가 해야 할 일이 정해져 있었다. 농민이나 장인처럼 하는 일이 정해져 있었다. 혹은 주인에 따라서 정해져 있었다. 그러나 현재의 지식노동자는 자신의 강점을 찾아내고, 무엇으로 공헌해야 하는지를 스스로 찾아내고, 자기 자신의 리더가 되어야 한다.

이상을 정리한 다음의 일곱 가지 항목을 나는 '드러커류, 경영자의 일곱 가지 마음가짐'이라고 이름을 붙였다.

① 해야 할 일을 생각한다(늘 지금 무엇을 해야 하는지를 생각한다).

② 조직에 뛰어난 개성을 부여하고, 조직의 이익을 생각한다(조직의 사명에 근거하여 늘 사명의 실현을 생각한다).

③ 액션플랜(행동계획)을 세운다.

④ 의사결정을 보조한다.

⑤ 정보를 주고, 구한다.

⑥ 기회를 중심에 둔다(늘 기회를 찾는다).

⑦ 회의의 생산성을 높인다.

드러커류, 성공하는 기업의 일곱 가지 조건

피터 드러커에게서 매니지먼트 지도를 받고, 큰 성공을 거둔 기업은 전 세계에 수없이 많다. 마찬가지로 드러커의 영향을 받은 경제인, 컨설턴트도 많다. 우리가 평소 읽는 매니지먼트 관련 책도 거의가 그 영향을 받고 있다고 할 수 있을지도 모른다. 오랫동안 번영을 누리며 성공한 기업이 사고의 베이스로 삼고 있는 것은 대부분이 드러커 매니지먼트이다.

나도 2005년에 다이아몬드 사가 주최한 드러커 비즈니스 스쿨에 다니기 시작한 것이 드러커 매니지먼트를 이해하는 계기가 되었다.

드러커 매니지먼트는 일본의 많은 기업에도 채용되었는데, 일본인의 사고체계와 친화성이 높다는 것이 그 큰 요인이 아닐까 싶다.

드러커는 현실 세계에서 일어나고 있는 모든 일을 깊이 배우고, 그 진리를 올바르게 파악하기 위한 사고방식과 방법을 우리에게 가르

1인 창업에서 기업 경영으로

처준다. 아흔여섯의 나이로 죽을 때까지 드러커는 세상의 보편적인 진리를 끊임없이 추구했다.

드러커가 평생 동안 추구해온 것은 크게 다음의 일곱 가지 항목으로 분류할 수 있다고 생각한다.

① 매니지먼트의 진수를 이해한다.
② 마케팅의 진수를 이해한다.
③ 이노베이션의 진수를 이해한다.
④ 시대의 큰 변천을 이해한다.
⑤ 고객의 본질을 이해한다.
⑥ 강점을 기반으로 한다.
⑦ 성과는 문제 해결이 아니라 기회의 개척에 의해 얻을 수 있다.

이에 대해서는 다음과 같이 약간의 해설을 덧붙여본다.

① 매니지먼트의 진수를 이해한다

사명을 명확하게 하는 것이 매니지먼트의 시작이다. 사명을 명확하게 하는 것에 의해 가치, 고객, 성과, 목표가 정해지기 때문이다. 그리고 매니지먼트란 (사람의 강점을 발휘하게 하고, 약점을 무의미하게 하는 것에 의해) 성과를 올리는 것이고, 모든 일을 적절히 하는 것이고, 덧붙여 말하면 매니지먼트란 아트＋사이언스이다.

② 마케팅의 진수를 이해한다

마케팅의 진수란 고객을 자사의 열성적인 영업자로 만들어서 결과적으로 영업이라든가 판매 활동을 제로로 만드는 것이다. 마케팅이란 단순한 고객의 창조가 아니라 열광적인 팬 고객을 만들고, 그것을 꾸준히 늘리는 기업 활동이기도 하다.

마케팅이란 고객에 대해 리더십을 갖는 것, 고객에 대한 가치 창조이다. 즉, 고객의 목적을 달성하고, 행복한 상태를 만들어 내는 모든 커뮤니케이션 활동이 마케팅이다.

③ 이노베이션의 진수를 이해한다

이노베이션이란 과거와의 단절이고, 과거 세계와 인연을 끊고 내일을 창조하는 것이다. 즉 폐기, 다시 말해서 무언가를 없앰으로써 가능해지는 것이 이노베이션이다.

이노베이션은 매일의 업무에 도입되어야 한다. 강점을 기반으로 해야 한다. 경제, 사회, 업계, 생활을 바꾸는 것이어야 한다.

④ 시대의 큰 변천을 이해한다

우리 생물의 역사는 진화의 역사이고, 진화한 것만이 살아남을 수 있었다. 육체노동자의 시대에는 효율성을 추구함으로써 성과를 얻을 수 있었지만, 지식노동자의 시대에서는 무엇을 하느냐로 성과를 올릴 수 있게 되었다.

육체노동의 시대에서 지식노동, 서비스노동의 시대가 되면서 항상 지식을 늘리기 위한 평생학습이 불가결해졌다. 사람과 사람이 함께 일하게 되면서 성과를 올리는 방법을 계속해서 배울 수밖에 없게 된 것이다.

⑤ 고객의 본질을 이해한다

고객이란 사명, 가치, 콘셉트를 공유해주는 사람이다.

고객이란 상품·서비스를 구입해주는 사람, 아직 구입하지 않은 사람이다.

시장에 있는 대부분의 고객은 아직 자사나 자기 가게의 상품·서비스를 이용하지 않았기 때문에 이들을 고객으로 만드는 것에 의해 시장은 넓어진다.

앞으로는 위에서 말한 고객＋직원, 종업원＋협력업자라는 삼자 모두를 비즈니스 파트너로서 취급하는 것이 중요하다.

예기치 못한 고객이야말로 진짜 고객이다. 열정적인 팬 고객이야말로 진짜 고객이라 할 수 있다.

⑥ 강점을 기반으로 한다

강점을 기반으로 한다는 것은 고객의 니즈에 공헌할 수 있는 자사의 강점을 더욱 강화하는 것이다. 뛰어난 강점은 고객에게 매력으로 다가간다.

자사는 당연히 할 수 있는 일이지만 타사에서는 할 수 없는 일이야말로 강점이고, 열정을 갖고 있는 분야 또한 강점이다.

선택과 집중을 하면 강한 비즈니스에만 집중할 수 있게 된다.

⑦ 성과는 문제 해결이 아니라 기회의 개척에 의해 얻을 수 있다

자신들의 사업 기회가 될 수 있는 사명을 실현하는 것이 전제가 된다.

자신들이 성장할 수 있는 사업 기회, 세상의 변화를 찾아내는 것이 중요하다. 성과를 올리기 위해서는 경영자원을 문제가 아니라 기회에 투입해야 한다.

성과는 단순한 유능함이 아니라 시장에서의 리더십에 의해 초래되는 것이다. 성과를 올리기 위해서는 고객에게 가치가 있는 것을 추구해야 한다.

롱셀러 상품을 만들어낸다

내가 제면기 업계에 발을 들여놓은 지 벌써 35년 이상이 흘렀는데, 그동안 다양한 깨달음이 있었다.

당사는 기계설계업으로 창업했다. 그 다음에 본격적으로 제면기 사업을 시작했는데, 그 무렵에는 제면기 시장이 거의 확립된 상태로 이미 전국을 제패한 업계 1위 메이커가 있었다. '그런 강적을 상대로 이 업계에서 성공하려면 어떻게 해야 될까? 성공할 수 있는 요소는 무엇일까?' 나는 진지하게 고민했다.

비즈니스에 대해 충분히 이해하지 못한 시기였지만 나는 혼다를 창업한 혼다 슈이치로의 생활방식에 감명을 받고 모범으로 삼고 있었다. 혼다는 이미 이륜차 업계에서는 세계 최고를 달리고 있었고, 자동차에 뛰어들어 고전하고 있던 시기였다.

혼다 슈이치로의 고집스러운 생활방식, 특히 '절대로 타사 제품을 흉내 내지 않는다.'는 생활방식이 너무나 마음에 들어서 나도 절대로 타사 제품을 흉내 내지 않기로 정하고 '최고를 목표로 해야 한다.'고 마음속으로 결심했다.

비즈니스는 눈앞의 손익이 아니라 사람을 행복하게 해주기 위한 사업이라는 것을 가르쳐준 것도 혼다 슈이치로이다. 나는 어쨌든 혼다 슈이치로를 몹시 좋아했기 때문에 우리 회사의 현관에는 영국 맨섬에서 우승한 혼다의 레이서 레플리카를 전시하고 있다. 이 오토바이는 특히 디자인이 아름다워서 매일 아침 출근할 때마다 이것을 보면 동기부여가 확실히 되는 것을 느낀다.

다시 본론으로 돌아가자.

제면기 사업에 뛰어들었을 때 나는 업계 1위가 되는 것, 그리고 절대로 타사 제품을 흉내 내지 않기로 결심했다. 그 결심의 결정체가 첫 제면기 '신우치'이다.

'신우치'는 그때까지의 업계의 상식을 무너뜨린 획기적인 제면기로, 언뜻 보기에는 제면기로 보이지 않는다. 그 때문에 "이건 제면기가 아니야."라는 말을 듣기도 했다. 그러나 당초의 콘셉트가 너무나 뛰어났기 때문에 업계 1위의 베스트셀러가 되었고, 나아가 롱셀러 상품으로 자리 잡으며 지금까지 꾸준히 팔리고 있다. 혼다로 치면 오토바이인 '슈퍼커브'와 같은 제품이다. 시간은 걸렸지만 '신우치'는 소위 말해서 대박을 쳤다.

1인 창업에서 기업 경영으로

제면기 업계에 뛰어들 당시 나는 '어떻게 하면 최고가 될 수 있을까?'를 생각하고, 생각하고, 또 생각했다. 그 결과 도달한 결론은 '제면기 업계에서 최고가 되기 위해 필요한 것은 면의 맛을 최고로 끌어올리는 것이 아니겠는가.'라는 것이었다.

나는 즉시 사내에 면 연구실을 설치하고 면을 연구하기 시작했다. 이후 약 30년, 지금도 면의 맛을 최고로 끌어올리기 위한 연구는 계속되고 있다.

그 후 당사는 초기의 목표를 달성하고, 자타가 공인하는 업계 최고의 자리에 설 수 있었다. 어떻게 최고의 자리를 차지할 수 있었을까? 이유를 생각해보면 면 연구도 크게 공헌했지 싶다. 당사는 '신우치'에 이어서 라면용 제면기 '리치멘', 메밀국수용 제면기 '반도타로', 숙성고 '네타로' 등의 롱셀러 상품을 만들어낼 수 있었는데, 이 또한 면 연구라는 베이스가 있었기 때문에 가능한 일이었다. 면 연구를 하지 않았다면 이렇게까지 롱셀러 상품을 만들어낼 수 있었는지는 솔직히 모르겠다.

그런데 혼다의 '슈퍼커브'처럼 롱셀러 상품으로 유명한 회사로 오츠카 제약이 있다. 본카레, 오로나민C, 포카리스웨트, 소이조이 등, 주력 상품의 아이템 수는 극히 적지만 어느 것이나 최장수 롱셀러 상품들이다. 다만 발매 당시부터 베스트셀러가 된 것이 아니고, 어느 상품이나 처음에는 판매가 신통치 않았다. 판매 확대를 위한 끊임없는 노력과 지속적인 개선·개량에 힘입은 결과라고 생각한다.

또 적은 상품 아이템으로 큰 성공을 거둔 회사로는 애플이 유명하다. 스티브 잡스가 복귀한 후 상품 수를 줄여서 현재의 주력 상품은 iPod, iPhone, iPad와 창업 때부터 가지고 온 PC이다.

애플 스토어와 소니 스토어는 보이는 모습부터 전혀 다르다. 소니 스토어는 일반적인 전자제품 양판점과 같은 모습이다. 텔레비전, 라디오, CD플레이어, 비디오카메라, 디지털카메라 등등 모든 전자제품이 진열되어 있다. 애플의 주식가치는 세계 톱이지만, 소니는 그 발뒤꿈치에도 미치지 못할 정도로 초라하기 그지없다.

나는 젊었을 때부터 자동차를 좋아해서 자동차 비즈니스에도 깊은 관심을 갖고 있었다. 카를로스 곤이 통치하기 전 닛산의 차종 구성은 매출이 절반 이하임에도 불구하고 도요타와 비슷했다. 때문에 자동차의 완성도가 낮고, 그 결과 팔리지 않아서 이익을 올리지 못하자 르노의 구제를 받았던 것이다.

이처럼 많은 상품 아이템을 출시하면 출시할수록 완성도가 떨어지고, 그 결과 팔리지 않아서 수익에 악영향을 끼친다. 반대로 상품 아이템 수를 줄이면 줄일수록 완성도가 높아지고, 고객의 지지도도 높아져서 수익을 쉽게 올릴 수 있게 된다.

당사도 창업 이래 우동용 제면기 '신우치', 라면용 제면기 '리치멘', 메밀국수용 제면기 '반도타로', 숙성고 '네타로'를 개발해 개선과 개량을 거듭해왔다. 처음에는 별로 팔리지 않았지만, 개선과 개량을 거듭해온 결과 어느새 업계의 베스트셀러가 될 수 있었다.

상품 아이템이 매우 적은 음식 업계의 사례로는 당사의 이웃마을인 마루가메 시丸亀市에 있는 뼈 있는 닭 전문점 '잇카쿠'가 있다.

창업 이래 64년간 '뼈 있는 닭'만 팔았다. 가장 큰 매장은 객석 수가 300이고, 지금도 평일 밤에 줄을 서야 될 정도로 성업 중이다. 그리고 가가와 현의 생맥주 소비량 1위 회사이기도 하다. 가서 먹어보면 알게 되겠지만 이렇게 성공한 이유는 상품의 완성도가 높기 때문이다. 64년 동안이나 단일 상품을 취급하며 연구를 거듭하면 상품의 완성도는 매우 높아진다.

롱셀러 상품, 베스트셀러 상품을 만드는 비결은 다음과 같다.

① 상품 설계를 할 당시의 훌륭한 콘셉트.
② 판매 후 개선과 개량을 거듭하여 퍼포먼스(상품력, 서비스력, 점포력)를 지속적으로 높이는 것.
③ 열광적인 팬 고객 만들기.

첫 번째는 비행기 설계에서의 디자인 철학과 마찬가지로 첫 단계에서 명확한 콘셉트를 만들어내야 한다. 그러기 위해서는 고객에게 초점을 맞추고, 고객의 잠재의식에 있는 니즈를 끄집어내는 것이 중요하다. 콘셉트가 좋고 나쁘냐에 따라 초기의 판매 행보가 결정된다. 두 번째에 관해서는 실제로 사용하는 고객의 클레임에 민감해져서 지속적으로 대응하며 완성도를 높이는 것이 중요하다. 스타벅스도 초기에는 엉망이었지만 개선과 개량을 거듭한 결과 완성도를 꾸준히 높여서 세계 진출에 대성공했다.

세 번째는 앞으로 다가올 시대에 마케팅이 목표로 해야 하는 방향성을 말하고 있다. 열광적인 팬 고객을 만들기 위해서는 고객이란 존재를 조직 내부로 끌어들여서 융합하고, 감동을 주어야 한다. 그러려면 항상 신뢰를 바탕으로 하여 손님을 상대해야 한다는 것을 잊어서는 안 된다.

롱셀러의 베스트셀러 상품을 갖는 것에 의해 고객과의 신뢰 관계는 강화되고, 수입을 올리기가 매우 쉬워진다. 요컨대 95점 이상의 매우 높은 상품력을 지속적으로 유지하고, 낮은 완성도의 상품은 절대로 판매하지 않는 것이다. 이것은 모든 비즈니스에 공통적으로 적용되는 매우 중요한 유의점이다.

이해도가 낮은 것이 문제

과거에 내가 한 일을 돌아보고 절실히 느끼는 것은 이해도의 부족, 즉 사고의 결여다.

나 스스로는 제대로 이해하고, 깊이 사고했다고 생각하지만 그렇지 않았기 때문에 성과가 나지 않은 일이 종종 있었다. 그중 하나가 마케팅과 이노베이션의 중요성이다. 이것에 대해서는 나 나름대로 이해하고, 어느 정도는 할 줄 안다고 생각했다. 그런데 실제로는 전혀 충분하지 않다는 것을 깨닫게 되는 경우가 많았다.

이노베이션이란 지금까지 없었던 것을 해내는 것이다. 요컨대 큰 변화를 일으키는 것이다. 그러나 조직에는 계속이라는 것도 중요한 테마다. 계속하지 않으면 축적할 수 없고, 오랜 역사를 새길 수 없기 때문이다. 그것은 틀림없는 사실이지만 현재와 같은 지식노동의 시대에는 계속만으로는 쇠퇴하고 만다.

육체노동이 중심이던 시대에는 계속만으로도 비즈니스가 잘되었다. 이것에 대해서 드러커는 "1900~1965년은 계속의 시대였다."고 말했다. 그런데 1965년 이후 지식이 중심이 되는 변화의 시대에서는 계속적이기만 하고 변화가 없는 조직은 사라져버린다. 따라서 조직에는 계속과 변화라는 서로 모순되는 요소가 필요한 것이다. 안정과 불안정이라는 상호 모순되는 요소가 필요한 것과 같다.

그러나 안정(안심 영역)을 추구하면 기업은 불안정해진다. 안정 상태를 유지하려면 안심 영역에서 나와 불안정한 상태를 계속해서 찾아야 한다. 그렇기 때문에 조직이 변화의 시대의 선두에 서서 번성하기 위해서는 이노베이션이 불가결하다.

조직은 또 변화하기 위한 메커니즘, DNA를 내장하고 항상 변화를 창조해야만 한다. 매일의 개선이든 기존의 상품·서비스의 진화든 가치 창조로서의 이노베이션이 그것이다.

비즈니스에서의 이노베이션이란 지금 판매하고 있는 상품이 팔리지 않게 되는, 좀 더 뛰어난 차세대 상품을 연이어 개발하는 것이다. 그러나 이것은 쉽게 할 수 있는 일이 아니다. 지금 현재 충분히 잘 팔리고 있는 상품이 있다면 좀 더 팔리도록, 좀 더 생명력이 긴 상품이 되도록 연명 조치를 하는 것이 보통이다.

그러나 팔리는 상품에만 매달리고 이노베이션을 게을리 하면 결국 쇠퇴하기 시작한다. 시장의 리더 기업은 더 이상 리더로서 존재할 수 없게 된다. 자동차 메이커가 4년에 한 번, 모델을 풀 체인지하여 지금 판매하고 있는 자동차를 굳이 팔지 않는 이유는 여기에 있다. PC나 IT 관련 상품도 모두 마찬가지인데, 내일을 알 수 없기 때문에 위험을 감수하고 스스로 내일을 만드는 것이다.

기업이 변화라든가 이노베이션을 게을리 하면 쇠퇴하기 시작한다. 그러므로 매출이 하향 곡선을 그리게 되었다면 변화나 이노베이션을 피해 안심 영역에 머물러 있다는 증거라고 보면 틀림없다. 매출의 증감이 이노베이션의 바로미터가 되는 것이다.

서툰 분야에서 제 몫을 하기 위해서는 엄청난 시간과 노력, 비용이 들고, 평균 수준에 도달하는 것조차 보통 일이 아니지만, 잘하는 분야에서 일류가 되는 것은 간단하다. 일본의 학교는 평균점주의로 못하는 부분을 보강하는 것에 열심인데 이것은 가장 효율이 나쁜 방법이다.

앞으로의 지식사회에서는 습득해야 할 지식의 총량이 점점 더 많아진다. 세상은 급격한 변화를 이루고 점점 복잡해지기 때문에 그것은 피할 수 없다. 예를 들면 우리 같은 인터넷을 전문으로 하지 않는 사람도 인터넷에 대해서는 어느 정도 이상의 지식을 갖추지 않으면 일을 할 수 없게 되는 것과 같다.

그렇다면 일진월보日進月步의 지식사회에서는 대학 때의 공부만으로 끝나는 것이 아니라 사회인이 되고 나서도 지속적으로 공부하는 것이 중요해진다. 누구나 매일 자기계발에 몰두하지 않으면 안 되는 시대가 된 것이다.

다음 과제는 우리가 자신의 진짜 강점을 모른다는 것이다. 자신이 프로 중의 프로가 될 수 있는 분야에 대해 모르는 것이다.

예를 들면 이치로는 초등학교 시절부터 야구에 눈을 뜨고, 이후 쭉 야구로만 인생을 보내고 있다. 우리도 이치로가 야구에서 적성을 찾아낸 것처럼 진짜 강점을 찾아낼 수 있다면 좀 더 훌륭한 인생을 살 수 있을 것이다.

인간의 평균수명은 80세를 넘어 더욱 늘어나고 있다. 반대로 회사의 평균수명은 점점 짧아지고 있다. 그렇다면 지금까지와 같은 회사에 의지한 인생이 아니라, 자기 자신의 강점을 갈고닦아서 자기 자신의 능력에 입각한 인생을 보낼 수밖에 없게 된다. 동시에 앞으로의 연금제도에서는 60세에 정년퇴직해도 편안한 노후 생활을 보장받을 수 없기 때문에 60세 이후에도 계속 일할 수 있는 사람이 늘어나게 될 것이다. 따라서 자신의 강점을 조기에 발견하여 강점에 입각한 직업 인생을 보낼수록 즐겁고, 의의가 있고, 유리한 인생을 걸을 수 있게 된다.

다음으로 생각해두어야 하는 것은 회사(일)의 가치관과 자신의 가치관의 대립이다. 이 두 가지가 만약 다르다면 진심으로 즐겁고 납득할 수 있는 일이 되지 못하고 성과는 생각처럼 올라가지 않는다.

'자신의 강점'과 '일로서 잘할 수 있는 것'이 다른 경우는 거의 없지만 '일로서 잘할 수 있는 것'과 '가치관'이 다른 경우는 있다. 그런 경우에 세상에 공헌하고 있다는 실감을 느끼지 못하고, 인생 자체, 혹은 그 일부를 할애할 만하지 않다고 생각하게 되어 성과가 올라가지 않게 된다.

'일로서 잘할 수 있는 것'이란 예를 들면 대기업에서는 능력을 발휘하지 못해도 중소기업과 같은 조직이라면 능력을 발휘할 수 있는 사람도 있다. 혹은 샐러리맨처럼 누군가에게 고용되어서는 능력을 발휘하지 못해도, 자신이 창업하면 능력을 발휘할 수 있는 사람도 있다. 즉, '일로서 잘할 수 있는 것'이란 자신이 있어야 할 장소를 찾아내는 것이기도 하다.

'자신의 강점'은 무엇인가, '일로서 잘할 수 있는 것'은 무엇인가, '가치 있는 것'은 무언인가라는 세 가지 과제에 답이 나오면 소위 있어야 할 장소, 즉 해야 할 일도 분명해진다.

다만, 이것은 사회에 나와 막 일하기 시작한 젊은 시절에 할 수 있는 것이 아니다. 이치로처럼 어렸을 때부터 알 수 있는 사람은 극히 소수에 불과하다. 대부분의 경우 경험에 의한 피드백이 쌓여야지만 이해할 수 있는 것으로, 사람들은 대부분 상당한 능력을 갖고 있어도 20대 후반 이후가 되지 않으면 발견하지 못하는 것 같다.

비즈니스를 통해 사회를 활기차게

다음은 누구보다도 통찰력이 뛰어난 사람으로 알려진 티베트 불교의 달라이 라마 법왕이 현대 사회에 대해 깊이 생각하고 말한 것이라고 한다.

① 우리가 사는 집은 커졌지만, 가족은 작아졌다.

② 더욱 편리해졌지만, 시간은 더 없어졌다.

③ 학위는 많아졌지만, 분별력은 떨어졌다.

④ 지식은 향상되었지만, 판단 능력은 쇠퇴되었다.

⑤ 전문가는 증가했지만, 문제가 증가했다.

⑥ 약은 늘었지만, 건강한 사람은 줄어들었다.

⑦ 우리는 멀리 달까지 왕복했지만, 새로운 이웃사람을 만나기 위해 길 건너편조차 잘 가지 못한다.

⑧ 우리는 복제품을 만들기 위해 여태껏 없었던 많은 정보를 보유하는 컴퓨터를 만들어왔지만, 그래도 커뮤니케이션은 줄어들고 있다.

⑨ 양은 충분히 늘었지만, 질은 부족하다.

⑩ 패스트푸드의 시대에 먹는 것은 빠르지만, 소화는 느리다.

⑪ 남녀 모두 키는 훌쩍 커졌지만, 성격에는 결점이 있다.

⑫ 이익은 큰 폭으로 늘었지만, 그 인간관계는 조금도 깊어지지 않았다.

⑬ 지금의 시대는 창밖엔 많은 것이 있지만, 방 안엔 아무것도 없다.

시대를 통찰하는 혜안의 날카로움에 실로 놀라움을 금치 못한다. 앞으로의 우리 사회, 세계를 보면 우리가 무엇을 해야 하는지 보이게 된다.

우리 사회는 지금 다양한 방면에서 혹독한 국면을 맞이하고 있다. 사회 기반으로서의 교육, 정치 어느 쪽이나 신뢰를 잃은 것이 현재의 실상이다.

특히 내가 걱정하는 것은 일본 전체, 일본인이 활기를 잃고 있다는 것이다. 큰 사회문제로서 집단따돌림이라든가 등교거부 등의 문제도 있지만, 걱정스럽기 짝이 없는 것은 아무런 열정이 없고, 꿈이 없는 젊은이들이 너무 많다는 것이다.

일본인의 수명은 늘어나고 있지만, 회사의 수명은 짧아지고 있다.

앞으로의 세상을 바꿔가는 것은 정치가라든가 공무원이 아니라 기업인이다. 가장 친근한 자신들의 기업에서 이상적인 비즈니스를 목표로 하여 열정을 불태우는 것. 이것이야말로 우리 사회를 바꾸고 활기차게 만드는 가장 빠른 지름길이라고 생각한다.

한편, 인터넷상의 매스컴이 전하는 바에 따르면 최근의 취업활동 중인 학생이 원하는 이상적인 기업상은 다음과 같다.

① 인간관계가 좋고, 가족같이 엄하고도 따뜻한 기업.

② 상사와 부하의 종적인 소통이 매우 원활하고, 사업 부문의 횡적인 소통이 원활한 기업.

③ 직원끼리의 사이가 좋고, 열띤 토론을 벌여도 토론이 끝나고 나면 뒤끝이 없는 기업. 좋은 점과 나쁜 점을 확실하게 말할 수 있는 신뢰 관계가 성립되어 있는 기업.

④ 서로 경쟁할 수 있는 라이벌이 있는 회사.

⑤ 경영자와 거리가 가깝고 자신의 아이디어를 부정하지 않고 먼저 받아들여주며, 부족한 부분이나 실현하기 어려운 부분을 지적하고 다시 기회를 주는 회사. 또 사장이 먼 존재가 아니라 친근하게 느끼고 존경할 수 있는 회사.

⑥ 경영자의 얼굴을 직접 볼 수 있고, 상사·부하에 상관없이 '대화하는' 것을 소중히 여기는 회사(직원의 진솔한 목소리를 소중히 여기는 회사).

⑦ 책임이 큰 일을 할 수 있는 회사.

⑧ 제1선에서 활약할 수 있고, 입사 5년쯤 되었을 때 빅 프로젝트를 맡아서 팀워크를 살려 개인의 한계를 초월한 능력을 발휘할 수 있는 회사.

⑨ 자기 성장을 할 수 있고, 사회인으로서의 기초를 확실하게 배워 직무적인 전문성을 높일 수 있는 기업으로 합리적인 업무관계가 유지되는 환경.

⑩ 전직할 때 아무 실력도 갖추지 못하는 회사가 아니라 스카우트될 만한 실력을 갖출 수 있는 회사.

⑪ 열심히 일하고 있는 사람을 성과뿐만이 아니라 그 과정도 확실하게 고려한 후에 평가해주는 기업. 아무리 열심히 일해도 성과가 나오지 않는 사람은 반드시 있게 마련이므로, 다양한 각도에서 평가해주는 기업.

⑫ 경영 체제가 올바르게 잡혀 있고, 정정당당히 사명을 완수하고 있는 회사.

⑬ 경쟁사로부터도 인정받는 기업.

⑭ 여성 직원도 존중받는 기업. 출산 후 복귀가 쉬운 환경에 있는 기업. 장래 다양한 라이프플랜을 그리는 기업.

⑮ 해외로 나갈 기회가 있고, 성장 의욕을 불러일으키고, 좋아하는 것이 일이 되는 회사.

⑯ 온, 오프를 전환할 수 있는 회사.

⑰ 결혼해서 아이가 태어나면 아이가 어렸을 때는 집에서 일할 수 있는 시스템이 있는 회사.

나는 취업활동 중인 학생이 생각하는 이상적인 회사는 무엇보다도 자신의 사정에 맞는 회사라고 생각하고 있었지만, 의외로 사회에서 바라는 이상적인 기업을 찾고 있다는 것에 놀랐다. 그리고 내가 생각하는 이상적인 기업과도 거의 일치했다.

회사란 사회에 공헌하기 위한 조직이고 내가 생각하는 이상적인 기업은 다음과 같다.

① 사회 및 고객이 안고 있는, 아직 해결되지 않은 문제를 해결하는 데 초점을 맞추고 진지하게 해결하는 것에 꾸준히 도전하며 세상을 좋은 방향으로 바꿀 수 있는 회사.

② 열정을 갖고 있는 분야에서 항상 세계 최고를 목표로 하고 있는 회사.

③ 국제적으로 활약하는 회사.

④ 일하는 사람들에게 친절하고, 일이 더할 나위 없이 재미있고 즐거운 회사.

⑤ 일하는 사람들의 강점을 강화하고, 약점을 없애고, 일하는 사람들이 무한대로 진화할 수 있는 회사.

⑥ 필요한 수익을 올릴 수 있고, 늘 미래에 투자할 수 있는 수익 기

반이 안정된 회사.

⑦ 일하는 사람들의 다양성을 살리고, 남녀의 차별이 없는 회사.

⑧ 공헌한 사람이 퇴직한 후 안심하고 노후를 보낼 수 있는 회사.

⑨ 업계를 리드하는 회사.

⑩ 직원의 인생에 책임을 가질 수 있는 회사.

⑪ 눈앞의 손익이 아니라 영원한 번영을 목표로 하고 있는 회사.

⑫ 사회에 크게 공헌하고, 사회에 없어서는 안 되는 회사.

이상에 입각하여 앞으로의 사회를 유익하게 하고, 크게 바꾸는 것에 공헌할 수 있는 것은 어느 정도의 규모를 갖춘 기업이라고 믿고 있다.

싱가포르라든가 이스라엘은 세계적으로 보면 결코 대국이 아니다. 그러나 규율이 잡혀 있고 경제적으로도 강한 국가로, 많은 국가로부터 존경받고 있다.

기업도 마찬가지로 대기업이 앞으로도 강한 기업이라고는 단정할 수 없다. 앞으로는 뛰어난 개성을 갖춘 중소기업이 나설 차례라고 생각한다.

환경 변화가 큰 시대에 대기업은 그 거대함으로 인해 변화에 대응하는 힘이 약해진다. 뛰어난 개성이 있는, 독특한 전문성의 강점을 갖춘, 세계 넘버원 기업이 확실하게 살아남고, 사회에 공헌한다고 생각한다. 규모를 키울 필요가 전혀 없는 것이다.

필요한 것은 어떤 장르든 세계 최고가 될 수 있는 강한 기업이 되는 것이다. 사회에서 없어서는 안 되는 꼭 필요한 기업이 되는 것이다. 기업도 싱가포르라든가 이스라엘, 혹은 두바이 같은 국가를 목표로 하는 것이다.

그러면 어느새 우리 사회를 강하게 만드는 데 공헌할 수 있다.

앞으로 가져야 할 우리 기업인의 사명은 약해져 있는 우리 사회를 다시 강하게 만드는 것이다. 그리고 많은 사람들에게 활기를 주는 것이다.

이것이 나의 꿈이다.

반드시 실현하고 싶은 꿈이다.

잊어서는 안 되는,
비즈니스에서 가장 중요한 것

—————➤ **비즈니스에 있어서 잊어서는 안 되는 중요한 것**

내가 사업을 시작한 지 벌써 39년의 세월이 흘렀다. 당초 비즈니스에 대해 너무 몰랐던 나는 정말이지 많은 실패를 겪었다. 그 실패들을 생각해보면 원인의 근본이 보이게 된다. 실패는 대부분 비즈니스의 본질을 이해하지 못한 데서 기인한 것이었다.

그러한 실패로부터 배울 수 있었던 것, 그리고 지금도 배우고 있는 것을 나는 매월 개최하는 면 학교의 경영 강의를 통해 학생들에게 전달하고 있다. 나와 같은 실패를 그들에게는 되풀이하게 하고 싶지 않기 때문이다.

나는 많은 실패에 의해 많은 귀중한 것을 배웠다. 동시에 많은 돈과 시간을 잃었다. 돈은 노력에 따라 되가져올 수 있다. 그러나 시간만은 절대로 되돌릴 수 없다. 시간이라는 것은 그만큼 귀중한 자원인 것이다.

따라서 시간 낭비는 되도록 피해야 한다. 나는 지금 매일매일 젊었을 때 이상으로, 작년 이상으로, 어제 이상으로 일이나 공부를 열심히 하겠다고 마음을 다지고 있다. 왜냐하면 나이를 먹을수록 시간의 소중함을 깊이 인식하게 되기 때문이다.

시간은 모든 사람에게 공평하게 주어진 것이다. 단 한 번밖에 없는 우리의 인생은 모두 시간으로 이루어져 있다.

우리 한 사람 한 사람의 신체는 태어나고 나서 어느 시점까지 성장하고, 그 후로는 노화가 진행되어 마침내 생명을 다하고 이승을 떠난다. 지금 젊음으로 싱그러운 스무 살 여성도 결국에는 할머니가 되고 저승으로 돌아오지 못할 여행을 떠난다. 이것은 지구상에 태어난 생물이면 피할 수 없는 현실이다. 그리고 비즈니스란 그러한 운명을 지고 사는 인간의 태어나서 죽을 때까지의 행복을 증대시키는 수단에 지나지 않는다.

과거의 비즈니스에는 의·식·주와 같은 기본적인 분류가 있었다. 그러나 현재의 비즈니스는 너무 복잡해서 명확하게 분류할 수 없게 되었다. 매일매일 새로운 비즈니스가 생기고, 또 새로운 비즈니스의 싹이 끊임없이 나고 있다.

이처럼 복잡해진 시대에 비즈니스의 본질을 이해하고, 흔들리지 않는 일관성을 갖고 비즈니스 본래의 역할을 정하는 것은 현재를 사는 우리 비즈니스맨에게 요구되는 중대한 사명이 아닐까 싶다.

우리 회사는 '고객을 좀 더 행복하게 해주기 위해서'라는 콘셉트를 갖고 맛있는 면을 만들 수 있는 제면기를 개발하는 데 꾸준히 전념해왔다. 그 결과 당사의 제면기로 만드는 면이 맛있다는 인정을 여기저기서 받으며 업계에서의 인지도도 서서히 올라가기 시작했다.

이것은 당사에 있어선 쑥스럽지만 기쁜 일이었다. 그러나 고객인 전국의 면 전문점을 생각하면 기뻐할 수만도 없었다. 손님을 모으기가 생각처럼 되지 않아서 가게 문을 닫을 상황에 놓인 고객도 있었기 때문이다.

'이래선 안 돼. 모처럼 우리 회사 제면기를 사주셨는데, 고객의 가게가 번성하지 않으면 곤란해. 고객의 가게가 번성할 수 있는 일이라면 무엇이든 도와드리자.'

이렇게 해서 시작한 것이 '연중무휴 365일 메인터넌스 체제'이다. 그 이전에 당사의 사명을 '면 전문점 번성 지원 회사'라고 명확하게 한 것에 대해서는 앞에서 말한 바와 같지만, 당사는 이것을 계기로 우동 학교, 라면 학교, 메밀국수 학교를 잇달아 개교하여 면, 다시물을 맛있게 만드는 방법, 음식을 예쁘게 담는 방법은 물론 경영 강의에서는 실패하지 않는 가게 개업 방법 등을 전달하게 되었다.

그 결과 '맛집 블로그' 사이트의 상위 랭크를 당당히 차지하고 있는 가게를 소유한 졸업생을 다수 배출하는 등 눈부신 성과를 올릴 수 있었다.

　이것은 결코 예상 밖의 일이 아니었다. 처음부터 그렇게 될 것이라고, 아니 그렇게 되지 않으면 안 된다는 굳은 결의하에 최고 수준의 수업에 심혈을 기울여온, 어떤 의미에서는 당연한 결과였다.

　면 학교에서 내가 강조하고 있는 것은 높은 완성도의 상품력이다. 가게를 찾은 손님이면 누구나 "맛있다!"고 절찬하는 면을 만드는 방법이다.

　"왜 상품력을 강조하는가?"라고 묻는다면 가게에 오는 손님, 즉 일반 소비자를 감동시키는 것이야말로 가게가 번성하는 지름길이라고 믿고 있기 때문이다.

　자신이 행복해지는 지름길은 고객을 먼저 행복하게 해주는 것이다. 고객의 행복은 그 고객이 맞이하는 고객의 행복을 목표로 함으로써 얻을 수 있다.

　그러나 외부의 고객만이 고객이 아니다. 내부에서 일하고 있는 직원들도 마찬가지로 고객이다. 즉, 우리의 비즈니스에 관계되는 사람들 모두가 고객이고, 이들 고객의 행복을 목표로 하는 것이 비즈니스를 성공시키기 위해서는 중요한 일이자 지름길이 되기도 한다. 그것을 확실하게 이해할 필요가 있다.

　요컨대 오미近江 상인의 '산보요시三方良し(판매자와 구매자가 모두 만족하고 사회에도 공헌할 수 있는 것이 바람직한 장사라는 의미 − 옮긴이)'의 정신으로 고객, 직원들, 협력업자라는 3자의 WIN−WIN−WIN 관계를 만드는 것이 앞으

로의 비즈니스에 요구되는 모습이 아닐까 싶다. 모든 관계자가 똑같이 행복해질 수 있는 길을 생각해야만 하는 것이다.

현재 인간의 수명은 점점 길어지고 있는 반면 회사의 수명은 짧아지고 있다. 그러나 우리는 회사의 수명이야말로 인간의 수명을 훌쩍 뛰어넘는 영원한 번영을 목표로 해야 한다. 유태인 민족이 2000년이라는 오랜 세월 동안 나라를 잃고 전 세계를 떠돌면서도 선조로부터 물려받은 지혜를 절대로 잃지 않고 더욱 발전시키면서 정신적인 완성도를 높인 것처럼, 우리 조직도 DNA를 물려받는 것과 동시에 진화를 거듭하면서 지속적으로 성장해야 한다.

생물의 역사는 진화의 역사이기도 하다. 그 진화의 역사는 우리의 비즈니스를 진화시키기 위한 안성맞춤의 표본이기도 하다.

인터넷의 발달, 교통망의 발달에 의해 지구는 점점 좁아지고 있다. 내가 어렸을 때 해외여행은 꿈나라의 이야기였다. 그러나 지금은 마음만 먹으면 누구나 지구상의 어디라도 선뜻 갈 수 있다. 진정한 글로벌 시대를 맞이한 것이다. 우리 업계에도 글로벌화의 물결이 밀려와서 라면 가게, 우동 가게, 메밀국수 가게를 해외에 출점하는 것이 당연한 시대가 되었다.

이러한 글로벌 시대를 사는 우리에게 있어서 중요한 것은 우리 문화를 올바르게 이해함과 동시에 전 세계의 주요 문화를 이해하는 것이다. 그중에서도 내가 배워야 한다고 생각하는 것은 인도 철학, 이스라엘의 교훈, 중화사상, 이슬람의 교훈이라는 네 가지다. 물론 이 외에도 전 세계에는 많은 훌륭한 교훈이 있다. 그러나 당장은 이 네 가지 교훈을 중심으로 배우고 싶다고 생각하고 있다.

전 세계의 많은 사람들과 함께 일하는 시대에 돌입한 지금, 학습의 속도를 높이는 것이 요구되고 있다.

현대를 사는 우리에게 중요한 것은 지속적인 학습과 지속적인 진화 다. 배우지 않으면 안 되는 것은 많다. 평생을 바쳐도 모자랄 정도다. 뒤늦게나마 이것을 깨달은 것은 너무나 감사한 일이라고 생각한다.

우리는 아직 사람들에게 공헌하기 위해 많은 것을 배우고, 올바른 일을 꾸준히 실천할 필요가 있다.

미래를 창조하는 서른 가지 정신

다음에 소개하는 서른 가지 명언은 사외의 어떤 분께 들은 것인데, 여기서 잠시 인용해본다.

① 동기란 포기하지 않는 이유.

② 새로운 일을 시작할 때 자신에게 확인해둘 것은 방법이 아니라 그 각오다.

③ 사업은 지혜가 부족한 만큼 돈이 든다.

④ 미래는 오늘의 신념으로 바뀐다.

⑤ 감동이나 충실감은 한계 너머에 있다.

⑥ 한 시간이라는 시간은 유한해도, 한 시간을 사용하는 방법은 무한하다.

⑦ 타인에게 기대하면 불안해진다. 자신에게 기대하면 적극적이 된다.

⑧ 방향을 잃었을 때는 버리는 것을 늘려라.

⑨ 좋은 사람이 되기보다 감사를 받는 사람이 된다.

⑩ 할 수 있을 것 같은 일을 하기보다 할 수 있으면 좋겠다고 생각하는 일을 한다.

⑪ 잘되는 방법을 생각하기 전에 포기하지 않는 결의를 한다.

⑫ 지원이란 꿈을 함께 갖는 것.

⑬ 결단할 수 없을 때는 편해지려고 할 때.

⑭ 상대의 고민을 해결해주지는 못해도 상대와 함께 고민할 수 있다.

⑮ 결단은 어떠한 문제도 쉽게 바꾼다.

⑯ 움직이는 사람은 지금 생긴 작은 일부터 한다. 움직이지 않는 사람은 명안을 찾고 있다.

⑰ 성공한 사람이란 자신의 생활방식을 찾아낸 사람.

⑱ 꿈이 없으면 타인이 부러워진다.

⑲ 이익보다 우선하는 것이 없으면 이익은 얻을 수 없다.

⑳ 하고 싶지 않을 때일수록 문제는 크게 보인다.

㉑ 육체적인 피로는 쉬면 낫는다. 정신적인 피로는 꿈을 가지면 낫는다.

㉒ 가장 어려운 문제가 사람을 가장 크게 성장시킨다.

㉓ 사람은 대우에 의해서는 시킨 일을 하고, 공감에 의해서는 시키지 않아도 한다.

㉔ 성장하는 회사는 우선 타인을 미소 짓게 하는 일을 상상하고, 망해가는 회사는 자신의 이익을 상상한다.

㉕ 한 사람의 힘으로는 도저히 되지 않는 일이라도, 누군가 한 사람이 시작하지 않으면 어떻게도 되지 않는다.

㉖ 물자의 풍요로움은 얻는 것, 마음의 풍요로움은 주는 것.

㉗ 자신을 바꾸는 가장 좋은 방법은 남들로부터 이런 말을 들으며 사는 것이다. "어떻게 하면 당신처럼 될 수 있습니까?"

㉘ 어떤 길도 진심을 가지고 가면 정답이 된다.

㉙ 출세란 보다 큰 문제에 도전하는 권리를 획득하는 것.

㉚ 일하러 가는 것이 아니라, 모든 사람을 미소 짓게 하러 간다.

이상에 대해 나 나름대로 조금 해설을 덧붙여보았다.

직장생활을 그만두고 독립·개업하는 사람이 요즘 많이 있는데, 그런 사람들은 문자 그대로 인생을 건 큰 승부에 도전하고 있는 것이다. 지금까지의 안심 영역에서 나와 스스로 위험을 감수하고 도전자의 입장에 선 것이다.

여기에서의 개업 동기란 아무리 힘든 일이 있어도 포기하지 않는 이유다.

새로운 일을 시작할 때 자신에게 확인해둘 것은 방법이 아니라 그 각오다.

사업은 지혜가 부족할수록 돈이 든다.

미래는 오늘의 신념으로 얼마든지 바꿀 수 있다.

감동이나 충실감은 한계를 넘은 곳에 있다. 즉 '영광은 전장의 저 편'에 있다.

한 시간이라는 시간은 한정되어 있지만, 한 시간을 사용하는 방법 에는 한정이 없다.

타인에게 기대할 것이 아니라 자기 자신에게 기대하며 적극적으 로 행동한다.

방향을 잃었을 때는 필요 없는 것을 잘라내고 단순해져서 한 번에 많은 일을 하지 않는다.

팔방미인의 좋은 사람으로 여겨지는 것보다 신뢰받는 사람이 된다.

간단히 할 수 있을 것 같은 일을 실행하는 것이 아니라 할 수 있으 면 좋겠다고 생각되는 난이도가 높은 일에 도전한다.

잘되는 방법을 생각하기 전에 포기하지 않는 결의를 하는 것이 중 요하다.

남을 지원하는 것은 꿈을 공유하는 것이다.

결단할 수 없을 때는 편한 길을 선택하고 있을 때다.

상대의 문제를 해결할 수 없을 때는 함께 고민해준다.

결단하면 어떠한 문제도 쉽게 바꿀 수 있다.

행동하는 사람은 지금 할 수 있는 작은 일부터 하고, 행동하지 않는 사람은 내내 명안만 생각하고 있을 뿐이다.

성공한 사람이란 자기 자신의 생활방식을 찾아낸 사람이다.

자기한테 큰 꿈이 없으면 남이 부러워진다.

먼저 이익을 얻으려고 하니까 이익을 얻을 수 없는 것이다. 이익은 고객의 행복을 우선시한 결과로 얻어지는 것이다.

하고 싶지 않다고 생각하면 문제가 커진다.

육체적인 피로는 쉬면 낫듯이 정신적인 피로는 큰 꿈을 가지면 사라진다.

대우에 따라서 사람은 시킨 일을 하지만, 공감하게 되면 사람은 시키지 않아도 한다.

성장하는 회사는 먼저 타인을 행복하게 해주는 것에 전념하고, 망해가는 회사는 자신이 행복해지는 것에 전념한다.

한 사람의 힘으로는 어떻게 할 수 없는 일이라도 누군가 한 사람이 시작하지 않으면 결국엔 해결할 수 없다.

성공하는 사람은 타인을 미소 짓게 하는 것에 집중하고, 성공하지 못하는 사람은 자신의 이익에 집중한다.

물자의 풍요로움은 취득하는 것으로 얻을 수 있지만, 마음의 풍요로움은 주는 것으로 얻을 수 있다.

자신을 바꾸는 가장 좋은 방법은 남에게서 "어떻게 하면 당신처럼 될 수 있습니까?"라는 말을 듣는 삶을 사는 것이다.

어떤 길도 진심을 가지고 나아가면 영광을 거머쥘 수 있다.

출세란 보다 큰 문제에 도전하는 권리를 얻는 것이다.

일하러 간다는 것은 모두를 미소 짓게 하고, 행복하게 하는 것이다.

가장 어려운 문제가 사람을 가장 크게 성공시킨다.

성공하는 것은 간단하다. 성공할 때까지 포기하지 않는 것이다.

──────➤ 사내 행복도의 추구

오랫동안 회사를 경영해오면서 세상만사를 보는 방법, 느끼는 방법이 많이 바뀌었다.

초기엔 '회사의 실적을 어떻게 하면 좋게 할 수 있을까?'라는 것만 생각했던 것 같다. 그러나 2년, 3년 경험을 쌓는 동안 고객의 가게가 번성하여 행복해지는 것이나 함께 일하는 직원들이 행복감을 느끼고 있는 것이 좀 더 중요하지 않을까 하고 생각하게 되었다.

고객이 성공하여 행복해지고, 함께 일하는 직원들이 행복해지면 회사의 실적은 자연스럽게 좋아지고, 회사는 영원히 번영한다는 것을 깨달은 것이다.

그러기 위해서는 고객의 가게가 번성하도록 당사의 직원들이 확실하게 가이드해드려야 한다. 당사의 직원들이 확실히 가이드할 수 있도록 하기 위해서는 일하는 것에 기쁨과 행복과 긍지를 느낄 수 있게 해야 한다. 만약 일이나 회사에 불만을 갖고 있다면 고객을 성공으로 이끌고, 행복한 상태로 만들어준다는 것은 도저히 할 수 있는 방법이 없다.

그래서 나는 우선 직원들의 행복감이 높은 기업을 목표로 하기로 결심하고 그것을 2013년 사내 회의에서 선언하기도 했다.

그때 내가 제안한 것은 다음 세 가지다.

① 고객 만족도를 극한까지 높여서 열광적인 팬 고객(신자 고객)을 만든다.
② 직원 전원이 자발적으로 학습하여 꾸준히 진화하는 조직을 만든다.
③ 행복한 회사 만들기(Total Happiness Company).

첫 번째에 대해서는 2012년부터 불만족도 조사를 시행하여 불만족 고객을 줄이는 대책을 강구해왔지만, 최근 들어 불만족 고객을 줄이는 것보다도 열광적인 팬 고객을 만드는 것이 좀 더 중요하다는 것을 깨달았다(3장의 '마케팅이란 열광적인 팬 고객 만들기' 참조).

앞으로의 인터넷 시대에는 열광적인 팬 고객을 많이 만들어서 고객이 당사를 선전해주는 것이 훨씬 효과적이라는 것을 깨달은 것이다.

두 번째는 리더십에 대한 사고방식인데, 우수한 한 사람이 리더가 아니라 전 직원이 리더가 되어서 개개인이 리더십을 발휘하고, 개개인이 주인공이 되는 것이 앞으로의 시대에는 중요한 포인트가 된다고 생각했다(4장의 '토털 리더십이 바뀌어간다' 참조).

세 번째는 최근 친구처럼 친한 고객에게 듣고 부탄 왕국을 모방해서 생각한 것이다. 주지하다시피 부탄에서는 국민 1인당 행복을 최대화하는 것에 의해 사회 전체의 행복을 최대화하는 것을 목표로 국가를 만들어가고 있다.

그 '국민 전체의 행복도'를 측정하는 척도로서 GNP가 아닌 GNH(Gross National Happiness, 국민총행복량)가 사용되고 있는 것 또한 주지하는 바와 같지만 당사가 목표로 해야 하는 것은 이 방향이다. 내가 창업 이래 항상 원해온 직원의 행복도가 높은 회사 만들기를 실현하기 위해서는 이 방향으로 나아가야 한다고 고객의 이야기를 듣고 나는 직감적으로 생각했던 것이다.

현재 일본은 국제적 지위가 급격하게 추락하고 있지만, 경제적인 성숙도는 여전히 세계 유수의 국가다. 그러나 국민이 느끼고 있는 행복도는 세계 178개국 중 90위(영국 레스터 대학의 사회심리학분석 연구자 에이드리안 화이트 씨가 실시한 '국민의 행복도' 2006년 순위표 참조). 전 세계 선진국은 모두 일본보다 행복도가 높은 위치에 있다.

이래서는 안 된다. 앞으로는 역시 '행복도'를 국가, 기업, 조직, 점포 혹은 가정생활의 척도로 삼아야 하지 않을까? 그것이 무리라면

하다못해 당사만이라도 '행복도'를 척도로 하자. 그래서 나는 우선 행복도를 판단하기 위해 다음과 같은 항목을 생각해보았다.

① 일하는 사람들 전원이 심신 모두 건강하다(양질의 식사, 운동, 명상, 생활 전반의 주의).

② 커뮤니케이션이 원활하게 이루어진다.

③ 좋은 인간관계가 유지되고 있다(친절한 사람을 키운다).

④ 자립한 회사, 고객으로부터 존경받는 회사.

⑤ 일하는 사람들의 자긍심이 높은 회사.

⑥ 재무 기반이 안정된 회사.

⑦ 사회에 크게 공헌하고 있는 회사.

⑧ 직원을 친절하게, 강하게, 상식적인 사람으로 키우는 회사.

⑨ 퇴직 후(노후)에도 안심하고 살게 해주는 회사.

⑩ 세계로 진출하는 강한 회사.

⑪ 인재의 다양화에 대응하고 있는 회사.

⑫ 일하는 것이 즐거운 회사.

⑬ 많은 사람들로부터 지속적으로 칭찬받는 회사.

⑭ 지속적으로 성장하는 회사.

⑮ 남녀 차별이 없는 회사, 여성에게도 친절한 회사.

구글이 일하고 싶은 회사로 세계 1위라고 하는데, 그것은 필시 직원들의 행복감을 추구한 결과가 아닌가 싶다. 이처럼 고객의 행복을 추구하고, 직원의 행복을 추구하는 데 진심으로 임하는 회사가 오랫동안 번영하는 회사가 될 수 있다고 생각한다.

그러기 위해서는 최고경영자만 행복을 목표로 하는 것이 아니라 오히려 먼저 고객과 직원들을 행복하게 해준다면 결과적으로 최고경영자도 영원한 행복을 잡기가 쉬워진다. 인생의 비결은 먼저 주는 것, 비즈니스의 비결도 먼저 주는 것이다.

최근 부탄이라는 나라에 관심을 갖고 여러 가지로 조사해보고 있는데, 조사하면 조사할수록 재미있는 나라다. 인구는 가가와 현보다 적어서 고작 67만 명. 그런 소국이면서도 국왕을 비롯해 국민의 사기가 높은 나라로 유명하다. 앞에서도 말했듯이 국민총행복량을 나라를 통치하는 기준으로 정하고 있다.

국민총행복량을 충족시키기 위한 전략은 다음 네 가지 항목을 기본으로 하고 있다고 한다.

① 지속 가능, 동시에 공정한 사회경제학적 발전
② 환경 보전
③ 문화의 보호와 촉진
④ 훌륭한 통치

우리는 전 세계의 멋진 것들로부터 많은 것을 배우며 자사와 자기 가게, 자기 자신을 얼마든지 진화시킬 수 있다.

당사의 직원들은 본사든 지점이든 1인 다역의 일을 맡아 열심히 일하고 있고, 많은 사람들이 아마도 열 사람 몫 정도의 일을 겸하고 있지 싶다. 일이야말로 사람을 키우는 도구이기 때문에 진화의 조건으로 어려운 일은 빼놓을 수 없다.

그리고 각지의 '드림 스튜디오' 및 면 학교에서는 여성 인스트럭터들이 고객을 지도하고 있다. 일반적으로 회사의 영업 거점에는 남성이 진을 치고 있지만, 당사의 경우는 대부분이 여성이고, 여성들이 고객에게 맛있는 면을 만드는 방법을 가르치고 있다. 그 덕에 고객들은 더욱 안심하고 구입할 수 있다.

나는 제면기를 개발한 30여 년 전부터 제면기를 사용하는 오퍼레이터로 파트 타이머 여성을 상정하고 있었다. 여성의 사회 진출이 진행되어 모든 분야에서 여성이 활약하게 되면 면 전문점에서도 여성 직원이 늘어날 것이라고 예상하고 있었다. 여성 직원이 면 전문점에서 면을 만들게 될 것을 알고 있었다.

따라서 당연히 안전 면에서 많은 신경을 썼다. 사용 편리성을 조금 희생하더라도 안전에 대해서는 철저하게 추구해왔다. 그리고 안전성과 사용 편리성의 양립을 꾀했다. 고객의 편리성과 안전성의 양립은 절대로 빼놓을 수 없는 요소다. 특히 당사의 현지 여성 직원들은 평소에도 직접 제면기를 사용하여 고객을 지도하고 있기 때문에 안전성과 사용 편리성에 대해서는 잘 알고 있다. 만약 지도하고 있을 때 문제가 생기면 즉각 보고한다. 이 정도로 여성 직원들은 안전성과 사용 편리성에 대해 매우 엄격하고, 절대로 타협하지 않는다.

이런 훌륭한 직원들, 멋진 고객에게 둘러싸여 있는 당사는 언제나 끊임없이 진화하는 회사를 목표로 한다.

진정한 행복의 실현이야말로 앞으로의 사회에서 큰 과제라고 생각한다. 그것은 동시에 당사의 과제이기도 하다. 당사는 식품과 관련된 비즈니스를 추진하며 식품 분야를 중심으로 한 행복 만들기와 우리 사회에 활기를 불어넣는 활동에 매진하고자 한다.

이처럼 우리는 행복한 회사, 행복한 가정, 행복한 사회를 실현하기 위해 매일 열심히 노력하고 있다.

앞으로 다가올 시대에 대처하는 방법

앞으로 우리 사회가 어떻게 될지, 미래는 아무도 모른다. 그러나 미리 예상해보는 것만으로도 대략 그 방향성이 보인다.

① 저출산·고령화가 진행되어 젊은 인구가 감소한다.
② 환경오염에 의한 것으로 보이는 사람에게 미치는 다양한 폐해, 영향(아토피, 성인병 등의 체내 오염에 의한 질환의 발생, 집단따돌림, 분노조절장애 등의 정신에 미치는 영향).

③ 글로벌화가 더욱 진행되는 것과 함께 선진국의 지위가 내려가
　 고 신흥국, 저개발국가가 대두한다.
④ 농산물 자원, 수산 자원, 광물 자원 등 활용할 수 있는 자원의 부족.
⑤ 기후 변동이 커진다(수해, 태풍, 허리케인, 용오름 등).
⑥ 지진, 해일에 의한 대재난.
⑦ 지방자치단체의 경제적 파탄, 치안의 악화. 지방자치단체의 자립.
⑧ 여성의 사회 진출 가속화. 여성 간부, 여성 상사 증가.
⑨ 대기업의 파산 증가. 강한 벤처기업의 활약.
⑩ 교육제도의 개혁.
⑪ 에너지원이 원자력, 화석연료에서 서서히 천연의 재생 가능 에
　 너지로 이행.

이상과 같이 국내외에서 이미 현실이 된 문제, 일어나고 있는 문제, 일어날 가능성이 높은 문제를 열거해보았다.

이중에는 한 국가의 힘만으로는 해결할 수 없는 국제적인 과제도 있다. 또 우리의 노력만으로도 좋은 방향으로 갈 수 있는 과제도 있다.

그런데 이중에서 특히 심각한 몇 가지는 뿌리 부분에서 서로 연결되어 있다. 바로 '인구 폭발'이다.

20세기 초, 20억 명에 지나지 않던 지구의 인구는 100년 만에 세 배 이상으로 증가하여 71억 명까지 늘어났다. 매년 7,000만 명씩 증

가했다는 계산이 나온다. 이런 기세로 인구가 계속 늘어나면 당연히 다양한 문제가 생긴다. 그중 가장 큰 문제가 식량 문제이지만 자원 문제 또한 심각하다.

지금 현재, 세계 각지에서 치열한 자원 쟁탈전이 일어나고 있는 것은 주지하는 바와 같다. 그 자원 쟁탈전은 말할 필요도 없이 경제력이 있는 나라가 우위에 선다. 예를 들면 일본은 3·11 대지진 이후 원자력발전에서 화력발전으로 이동하여 화석연료의 수입량이 급증했는데, 그 여파로 태평양의 어느 가난한 섬나라는 심각한 화석연료 부족에 빠졌다.

일본 국민들은 잘 모르는 사실이지만, 일본이 만반의 에너지 대책을 세울수록 에너지 부족으로 고통 받는 나라가 나온다는 것은 알아두어야 할지도 모른다.

참고로 21세기의 세계 5대 문제라 일컬어지고 있는 것은 다음과 같다.

① 지구 환경 문제
② 인구 문제
③ 에너지 문제
④ 물 문제
⑤ 식량 문제

이 5대 문제의 근저에 인구 폭발이 있는 것은 쉽게 상상할 수 있다. 그러나 인구 폭발만은 우리의 노력으로 어떻게 할 수 없다. 그렇다고 해서 무관심한 것도 좋지 않다. 역시 지구가 안고 있는 문제, 그리고 일본이 안고 있는 문제를 올바르게 이해해두어야 한다. 그것이 지구에 사는 한 사람의 인간으로서 가져야 할 최소한의 의무가 아닐까?

그 다음에 요구되는 것이 주변의 해결 가능한 문제를 해결하려고 노력하는 것이다.

앞에서 말한 '미래를 창조하는 30가지 정신'의 스물다섯 번째에 있듯이 '한 사람의 힘으로는 도저히 되지 않는 일이라도, 누군가 한 사람이 시작하지 않으면 어떻게도 되지 않을 뿐'이다. 그러나 누군가가 시작하면 어떻게 될지도 모른다.

주변의 해결 가능한 문제로서 당사가 열심히 하고 있는 것은 방부제를 첨가하지 않은 면을 만드는 방법과 화학조미료를 사용하지 않은 수프를 만드는 방법을 널리 알리는 것이다. 이것은 체내 환경의 악화를 막는 데 큰 도움이 된다. 그 결과 아토피 등 점점 퍼지고 있는 큰 문제를 해결하는 데 도움이 된다고 믿고 있다.

다른 하나는 요리의 완성도를 높이고, 경영 강의를 통해 올바른 매니지먼트를 가르쳐서 신규 개업에 실패하는 사람을 줄이는 것이다. 고객이 개업에 실패하여 인생을 망치는 것은 차마 볼 수 없을뿐더러 국가적으로도 큰 손실이다. 당사의 면 학교는 그것을 방지하는 데 큰 도움이 되고 있다고 자부하고 있다.

앞으로의 시대, 우리가 해야 할 가장 중요한 것은 국가나 사회에 도움이 되는 사람을 키우는 것이다. 우리의 선조는 다양한 시련을 이 겨내고 자손인 우리에게 멋진 지구와 많은 유산을 남겨주었다. 그중 에서 가장 귀중한 것은 '지혜'다. 지혜야말로 인류가 안고 있는 다양 한 문제를 해결하고, 보다 나은 미래를 만드는 근원이다. 그런 지혜 를 가진 사람을 키우는 것이 현재를 살고 있는 인간과 기업의 사명 이라고 생각한다.

동시에 우리 한 사람 한 사람이 '인간은 죽을힘을 다해 일해야 제 몫을 다하는 것이다(이나모리 가즈오의 말에서 인용).'라고 생각한다. 나도 나이를 먹음에 따라 이 말의 소중함을 실감할 수 있게 되었다.

여성의 고용과 간부로 등용하는 것도 큰 과제다. 특히 중소기업 에서는 피할 수 없는 테마라고 생각한다. 당사는 이미 여성 비율이 55%가 넘었고, 앞으로도 여성의 간부 등용을 추진하고 있다.

여성은 잠자고 있는 자원이다. 그러나 평일에 신칸센新幹線이나 비 행기를 비즈니스에 이용하는 사람들은 아직 남성이 대부분이다. 당 사의 경우는 오히려 여성이 많기 때문에 이런 상황에 위화감을 크게 느낀다. 여성의 사회 진출이 가속화되는 것이야말로 우리 사회를 강 하게 만드는 비결이라고 생각한다.

그리고 앞으로 세계적인 강국이 되려면 우리 개개인이 단순히 병 에 걸리지 않을 정도로 건강한 수준이 아니라 에너지가 흘러넘치는 강한 신체를 갖고, 유연하면서 일관성이 있는 정신을 가질 필요가 있다. 그러기 위해서는 올바른 식사, 그리고 충분한 운동이 필수다. 현대인은 운동이 너무 부족하다. 명상이나 산책으로 마음의 스트레스를 푸는 것도 중요하다.

이상과 같이 우리에게는 해야 할 일이 산적해 있다. 그 산적한 문제들을 면 비즈니스와 면 학교를 통해 소걸음처럼 한 발 한 발 힘주어 디디면서 착실하게 해결할 수 있기를 바람과 동시에 이 책에서 소개한 사상, 사고방식을 사회에 널리 알리고 싶다고 생각한다.

마지막까지 나의 변변찮은 글을 읽어주신 여러분께 깊은 감사의 말씀을 드린다.

언젠가는 직접 만날 날이 오기를 바라며 이 글을 마친다.

1인 창업에서

피터 드러커의 비즈니스 성공 지원 冊

기업 경영으로

한국어판 ⓒ 도서출판 잇북 2014

1판 1쇄 인쇄 2014년 12월 8일
1판 1쇄 발행 2014년 12월 12일

지은이 | 후지이 카오루
옮긴이 | 김대환
펴낸이 | 김대환
펴낸곳 | 도서출판 잇북
책임편집 | 김랑
책임디자인 | 한나영
인쇄 | 대덕문화사

주소 | (413-736) 경기도 파주시 문발로 119, 파주출판도시 306호
전화 | 031)948-4284
팩스 | 031)947-4285
이메일 | itbook1@gmail.com
블로그 | http://blog.naver.com/ousama99
등록 | 2008. 2. 26 제406-2008-000012호

ISBN 979-11-85370-03-3 03320